W0048328

BACK
Challenge

Mara Hörner & Markus Hummel

BACK
Challenge

Eine Zutat, zwei Kreationen
52 Rezepte von A–Z

EMF

EIN BUCH DER
EDITION MICHAEL FISCHER

92

104

INHALT

LIFE IS FULL
= OF =
GOODIES

Mara   6

MARKUS

9

81

133

MARA

Ran an den Kuchen!

LIFE IS FULL
of
GOODIES

Ich bin Mara und ich liebe Essen. Morgens, mittags, abends und auch nachts. Zu jeder Uhrzeit kann ich was futtern, vorausgesetzt, es ist lecker. Oder noch besser: süß!

Süße Köstlichkeiten haben es mir schlichtweg angetan. Schon als Kind bevorzugte ich den Nachtisch, verdrückte hiervon gerne zwei Portionen und hätte – theoretisch – auf den Rest gerne verzichten können. Ob Schokolade, Kekse oder Eis, Süßes passt immer rein. Damals wie heute. Eine ganz besondere Vorliebe von mir sind jedoch Kuchen. Selbst gebackener Kuchen natürlich. Wie früher bei Oma. Oder wie heute bei Mama. Oder natürlich bei uns zu Hause, denn auch da glüht der Ofen ständig vor sich hin.

Diese Leidenschaft war einer der Gründe, warum ich Anfang 2013 begann, meinen Foodblog Life Is Full Of Goodies zu schreiben. Weil daheim ständig neue tolle Sachen kredenzt wurden, die ich festhalten wollte. In Bild und Text. Damit sie nicht umgehend nach dem Futtern wieder in Vergessenheit geraten und womöglich nur noch ein kleines Speckröllchen auf der Hüfte daran erinnern kann, wie gut das alles war. Auf www.lifeisfullofgoodies.com könnt ihr daher un-

zählige Köstlichkeiten entdecken, die seither bei uns aufgetischt wurden: Kuchen, Cupcakes, Eis, Fondanttorten und vieles mehr. Natürlich gibt es auch herzhafte Gerichte unter all den Rezepten.

Mein Foodblog entwickelte sich nach und nach zu einem tollen Ausgleich neben meinem beruflichen Dasein als Rechtsanwältin und bereitet mir nach wie vor unglaublich viel Freude. Die Bloggerei hat mir zudem viele Türen geöffnet und mir wundervolle Dinge ermöglicht. So zum Beispiel dieses Buch, welches gemeinsam mit meinem guten Freund Markus entstanden ist. Den Backbuben lernte ich – wie sollte es anders sein – durch das Bloggen kennen und mit der Zeit ist daraus eine schöne Freundschaft entstanden.

Ich danke dem EMF-Verlag, dass er dieses Buch ermöglicht hat, vor allem aber danke ich auch Markus für die völlig unkomplizierte und mehr als nur angenehme Zusammenarbeit!

Also, nichts wie los, probiert unsere Rezepte und stürzt euch auf den Kuchen!

Mara

MARKUS

AN DIE ÖFEN, FERTIG, LOS!

Backen ist meine Leidenschaft. Meine Passion. Meine größte Freude. Nichts macht mich glücklicher, als für meine Freunde, Familie und Leser zu backen und sie mit einfachen, leckeren Köstlichkeiten zu begeistern und zu verwöhnen.

Und genau diese Leidenschaft und meine Freude am Backen habe ich in dieses Buch gesteckt. Ich freue mich besonders über zwei Dinge: dass mir der EMF-Verlag auch diesmal wieder vertraut und dieses Buch ermöglicht hat und dass ich es nicht allein, sondern gemeinsam mit meiner guten Freundin Mara machen konnte. Zusammen haben wir uns der Challenge gestellt, jeweils 26 Rezepte zu backen und zu fotografieren – das Besondere: Zu jedem Buchstaben des Alphabets haben wir uns eine bestimmte Zutat ausgesucht und beide mit dieser Zutat völlig unterschiedliche Leckereien kreiert. Es war sowohl eine Herausforderung wie auch eine wahre Bereicherung, denn mit vielen Zutaten hatte ich bisher noch nie gebacken. Umso schöner, dass am Ende ein tolles Sammelsurium aus feinen und einmaligen Rezeptideen herausgekommen ist.

Ach ja, ich sollte mich vielleicht auch noch vorstellen: Markus, 32, hauptberuflich Schauspieler und Blogger. Oder: Karamell-Junkie, hoffnungsloser Romantiker, Dickkopf, Perfektionist, Star-Wars-Fan und Spaßvogel. Seit mehr als vier Jahren schreibe ich nun schon auf meinem Blog www.backbube.com, um euch alle mit meiner Backleidenschaft anzustecken. Dort findet ihr leckere und ausgefallene Rezepte – von Kuchen und Pies über Muffins, Cookies und Eistees bis hin zu aufwendigen Torten. Mein Ziel: auch die Männer an den Backofen zu holen.

Ich wünsche euch viel Freude mit diesem Buch und den tollen Rezepten. Stellt euch der Back-Challenge und wagt euch an Zutaten, die ihr bisher vielleicht noch nie beim Backen benutzt habt. Backt unsere Rezepte nach und lasst euch davon zu neuen Kreationen inspirieren. Schnappt euch die Zutaten und fordert eure Freunde zu eurer persönlichen Challenge heraus.

Möge der Schneebesen mit euch sein,

Markus

... wie Ananas

FAKTEN

Die Ananas stammt ursprünglich vom südamerikanischen Kontinent und wurde dort schon vor Jahrhunderten von der Indiobevölkerung kultiviert. Heutzutage wird sie eher in tropischen Gebieten, wie den Philippinen und Thailand, angebaut. Genau genommen, ist die Ananas keine Frucht, sondern ein Fruchtverband. Die Blüte der Ananaspflanze bildet mehrere kleine Beeren aus, die sich irgendwann miteinander verbinden und so die uns bekannte Ananas bilden.

GUT ZU WISSEN

Ananas werden reif geerntet und reifen nicht von selbst nach. Daher haben alle Ananas, die es im Handel gibt, bereits ihre volle Reife erreicht. Frische, rohe Ananas enthält übrigens das Enzym Bromelain, das nicht nur bei Magen- und Darmbeschwerden hilfreich sein kann, sondern auch Fleisch weicher macht und das Festwerden von Gelatine verhindert. Daher sollten für Torten und Kuchen, die Gelatine enthalten, nur Dosenananas verwendet werden.

Karibik-Feeling pur! Dieses sehr saftige Törtchen mit Ananas, Kokos und einem Schuss Rum ist mit einer leckeren Buttercreme gefüllt und ummantelt. Wenn da mal keine Urlaubsstimmung aufkommt!

Karibisches Ananastörtchen

Für 1 Springform
(ø ca. 18 cm)

Für die Ananas-Deko
4–5 extrem dünn geschnittene
frische Ananasscheiben

Für die Böden
240 g weiche Butter

160 g Zucker

4 Eier (Größe M)

300 g Weizenmehl (Type 405)

1 Päckchen Backpulver

1 Päckchen Vanillezucker

200 ml Kokosmilch

2 EL Strohrum
(oder etwas Rumaroma)

200 g reife frische Ananas
(alternativ Ananas aus der Dose)

40 g Kokosraspel

Für die Creme
250 g Butter
(Zimmertemperatur)

250 g Puderzucker

250 g Frischkäse
(Zimmertemperatur)

etwas Vanillearoma

Außerdem
Muffinblech
Butter für die Formen

Für die Deko die Ananasscheiben in ein gefettetes Muffinblech legen und leicht runterdrücken (damit sie später etwas gebogen sind). Die Scheiben 2–3 Stunden im Ofen bei 100 °C Umluft (120 °C Ober-/Unterhitze) trocknen lassen. Die Scheiben sollten nach dem Backen gut ausgetrocknet und fest sein.

Den Backofen für die Böden auf 160 °C Umluft (180 °C Ober-/Unterhitze) vorheizen. Zwei Springformen einfetten. Wer nur eine Form hat, der backt zuerst die erste Hälfte und danach die zweite Hälfte des Teiges.

Für die Böden die weiche Butter mit dem Zucker schaumig rühren. Die Eier nacheinander unterziehen. Das Mehl mit dem Backpulver und dem Vanillezucker mischen. Zusammen mit der Kokosmilch und dem Strohrum zur Buttermischung geben. Alles zu einem cremigen Rührteig verrühren.

Die Ananas in kleine Stücke schneiden und pürieren. Zusammen mit den Kokosraspeln in den Teig rühren.

Den Teig auf die Springformen verteilen und etwa 1 Stunde im Backofen backen. Nach ungefähr der Hälfte der Backzeit die Oberfläche der Kuchen im Ofen mit Alufolie bedecken, damit sie nicht zu dunkel werden.

Anschließend gut auskühlen lassen und dann beide Böden mit einem Messer je einmal quer halbieren, damit man vier dünne Tortenböden erhält.

Für die Creme die Butter mit dem Puderzucker schaumig schlagen. Dann den Frischkäse löffelweise dazugeben. Immer gut weiterrühren, bis eine gleichmäßige Creme entsteht. Zum Schluss noch das Vanillearoma unterrühren. Wichtig ist bei der Creme, dass alle Zutaten Zimmertemperatur haben, da andernfalls die Butter schnell ausflocken kann.

Die Böden je mit einer Schicht der Creme bestreichen und aufeinandersetzen. Das Törtchen mit der restlichen Creme ummanteln und mit den getrockneten Ananasscheiben dekorieren. Gekühlt servieren.

Maras Tipp

Die Torte sollte auf jeden Fall kühl gelagert und auch verzehrt werden.

Ich habe für dieses Rezept das Upside-down-Prinzip angewandt. Die Donuts sehen während des Backens aus wie normale Donuts, doch nach dem Stürzen offenbaren sie eine leckere Oberfläche aus karamellisierter Ananas.

GESTÜRZTE ANANAS-DONUTS

Für 6 Donuts

1 frische Ananas

120 g Weizenmehl (Type 405)

110 g brauner Zucker

½ TL Salz

1 TL Backpulver

½ TL Zimt

60 ml Milch

60 ml Ananassaft

35 g Butter, geschmolzen

1 Ei (Größe L)

Außerdem

Donut-Blech mit 6 Mulden

Butter für die Form

6 EL brauner Zucker für die Form

Den Backofen auf 160 °C Umluft (180 °C Ober-/Unterhitze) vorheizen. Eine 6er-Donutform einfetten und die Vertiefungen mit je einem Esslöffel braunen Zucker ausstreuen.

Die Ananas schälen, sechs etwa 1,5 cm dicke Scheiben abschneiden und mit einem kleinen Kreisausstecher oder einem Messer den Strunk in der Mitte der Scheiben entfernen. Die Ananasscheiben in die Mulden des Donut-Blechs legen. Sie sollten ganz unten am Boden der Form aufliegen. Wenn sie zu groß sind, ein kleines Stück aus dem Ring herausschneiden.

Mehl, braunen Zucker, Salz, Backpulver und Zimt in einer großen Schüssel vermischen.

In einer weiteren Schüssel die Milch, den Ananassaft, die geschmolzene Butter und das Ei verquirlen und anschließend zu den trockenen Zutaten geben. Alles vorsichtig vermengen.

Den Teig gleichmäßig auf den sechs Ananasscheiben verteilen. Die Vertiefungen sollten zu etwas mehr als zwei Dritteln gefüllt sein. Wenn Teig übrig bleiben sollte, einfach weitere Donuts daraus backen. Die Donuts auf der mittleren Schiene 10–12 Minuten backen, bis die Oberseite schön goldgelb ist.

Die Form aus dem Ofen holen und auf einem Kuchengitter 10 Minuten abkühlen lassen, dann vorsichtig stürzen.

★ ★ ★
MARKUS' TIPP

Verwendet statt braunem Zucker Kokosblütenzucker, für die Extraportion Karibik!

★ ★ ★

... wie Bier

FAKTEN

Bier wird durch Gärung aus Malz oder aus Malzersatz (stärkehaltige Rohfrucht) gewonnen und ist ein Nahrungs- und Genussmittel. Bei der Herstellung werden Hopfen und andere Würzstoffe zugesetzt, zum Beispiel Kräuter, Gewürze oder auch Früchte. Der Alkoholgehalt der meisten in Deutschland oder Österreich hergestellten Biersorten liegt zwischen 4,5 und 6 %. In Deutschland gibt es etwa 5000 Biersorten.

GUT ZU WISSEN

Im Mittelalter wurde Bier noch aus sehr vielen unterschiedlichen Zutaten gebraut. Da es damals in der Regel einen geringeren Alkoholgehalt hatte als heute, galt Bier auch als geeignetes Getränk für Kinder. Wegen seines Kaloriengehalts war es eine wichtige Ergänzung der zu dieser Zeit oft knappen Nahrung. 1516 wurde das Reinheitsgebot erlassen; es sichert nun bereits seit 500 Jahren die Qualität von deutschem Bier.

Bier im Kuchen? Alle Männer werden vermutlich vor Begeisterung aufschreien. Ein Käsekuchen mit Guinness und dazu gibt es obendrauf noch eine Portion Biersirup. Wirklich lecker! Und schmeckt natürlich auch Frauen ...

Guinness Cheesecake mit Biersirup

Für 1 Springform
(ø 26–28 cm)

Für den Biersirup
440 ml Guinness Bier
(Schwarz-Bier)
450 g brauner Zucker
1 Päckchen Vanillezucker

Für den Schoko-Mürbeteig
200 g Weizenmehl (Type 405)
100 g Zucker
100 g weiche Butter
1 Prise Salz
25 g Kakaopulver

Für die Füllung
350 g Zartbitterschokolade
2 EL Sahne
300 g Frischkäse
250 g Zucker
3 Eier (Größe M)
1 Prise Salz
200 g Schmand
250 ml Guinness-Bier
(Schwarzbier)
1 gehäufter EL Speisestärke

Außerdem
Butter für die Form
Mehl zum Ausrollen
Zartbitterschokolade

Die Zutaten für den Biersirup in einen Topf geben und aufkochen lassen. Da der Sirup beim Kochen stark schäumt, sollte der Topf sehr groß sein. Nach dem Aufkochen die Temperatur herunterschalten und den Sirup 15–20 Minuten köcheln lassen. Anschließend vom Herd nehmen und durch ein Mulltuch abseihen, damit der Sirup klar wird. In eine saubere Flasche oder einen anderen Behälter gießen und auskühlen lassen.

Die Zutaten für den Schoko-Mürbeteig miteinander vermengen und zu einem glatten Mürbeteig kneten. Den Teig in Frischhaltefolie einwickeln und etwa 1 Stunde in den Kühlschrank legen. Die Springform einfetten. Anschließend den Teig auf einer bemehlten Fläche ausrollen und in die Springform legen. Einen Rand hochziehen.

Den Backofen auf 160 °C Umluft (180 °C Ober-/Unterhitze) vorheizen.

Für die Füllung die Zartbitterschokolade hacken. Die Sahne dazugeben und alles in einem Wasserbad oder in der Mikrowelle bei geringer Wattzahl langsam schmelzen.

Den Frischkäse cremig rühren und die geschmolzene Schokolade langsam einfließen lassen. Den Zucker, die Eier, das Salz, den Schmand, das Guinness-Bier und die Speisestärke dazugeben und alles zu einer cremigen Masse rühren. Die Füllung auf den Boden geben, gleichmäßig verteilen und den Guinness Cheesecake im Backofen etwa 1 Stunde auf der mittleren Schiene backen. Im Ofen bei geöffneter Backofentür auskühlen lassen.

Es ist wichtig, dass der Kuchen komplett ausgekühlt ist, bevor man ihn anschneidet, da er ansonsten noch nicht fest genug ist. Am besten zuvor im Kühlschrank kühlen und schön kalt genießen. Vor dem Servieren mit etwas gehackter Zartbitterschokolade bestreuen und mit dem Biersirup begießen.

Bier macht nicht nur als Getränk eine gute Figur (außer man trinkt zu viel davon), sondern auch als Zutat in herzhaften Speisen oder süßem Backwerk. Diesen „Apfelküchlein" verleiht es einen ganz besonderen Geschmack.

APFELKÜCHLEIN IM BIERTEIG

Für 6–8 Apfelküchlein
1–2 Äpfel
1 EL Zimt
3 EL Zucker
125 g Weizenmehl (Type 405)
1 EL Vanillezucker
Salz
2 Eier (Größe M)
125 ml helles Bier

Außerdem
Öl zum Frittieren

Die Äpfel waschen, schälen, entkernen und in dicke Scheiben schneiden. Zimt mit Zucker vermischen und beiseitestellen.

Das Mehl in die Schüssel der Küchenmaschine sieben und mit Vanillezucker, einer Prise Salz und den Eiern glatt rühren. Vorsichtig bei niedriger Geschwindigkeit das Bier dazurühren.

Etwa 5 cm Öl in einem Topf erhitzen. Die Äpfel in den Bierteig tauchen, etwas abtropfen lassen und dann etwa 5 Minuten im heißen Öl von beiden Seiten goldgelb ausbacken.

Die fertigen Ringe auf ein Küchentuch legen und mit dem Zimtzucker bestreuen.

... wie Chili

FAKTEN

Chilipflanzen stammen ursprünglich aus Süd- und Mittelamerika, wo sie auch heute noch angebaut werden. Die strauchartigen, buschigen Pflanzen werden etwa einen bis anderthalb Meter hoch. Die Zweige sind mit dunkelgrünen, elliptisch geformten Blättern dicht belaubt. Sie blühen von Juni bis September.

GUT ZU WISSEN

Es gibt sehr viele Chiliarten, die sich nach Farbe, Größe und Schärfe unterscheiden. Von Farbnuancen von Grün über Rot bis Braun und Lilaschwarz, Größen von sehr klein bis groß und Schärfe von relativ mild bis brennend scharf ist alles dabei. Man sagt, je kleiner die Chilis, desto schärfer sind sie, und je grüner, desto milder.

Zartbitterschokolade und Karamell, verfeinert mit einem Hauch Chili. Und als Krönung erhalten die Tartelettes Baiser-Häubchen. Bei dieser aufregenden Kombination muss man einfach schwach werden ...

Chili-Schoko-Karamell-Tartelettes

Für 6 Tartelettes

Für den Mürbeteig
90 g Zucker
200 g Weizenmehl (Type 405)
1 Ei (Größe M)
25 g Kakaopulver
100 g weiche Butter

Für den Karamell
300 g Zucker
120 ml Sahne
70 g Butter
¼ TL Salz

Für die Schoko-Ganache
120 g Zartbitterschokolade
150 ml Sahne
1 Prise Chilipulver

Für die Baisers
100 g Zucker
1 Eiweiß
Salz

Außerdem
6 Tartelette-Förmchen
Spritztülle
Butter für die Förmchen
Mehl zum Ausrollen
Kakaopulver zum Bestreuen

Alle Teigzutaten miteinander verkneten und den Mürbeteig in Frischhaltefolie eingewickelt etwa 30 Minuten in den Kühlschrank legen. Den Backofen auf 180 °C Umluft (200 °C Ober-/Unterhitze) vorheizen. Die Tartelette-Förmchen einfetten.

Anschließend den Teig in sechs gleich große Stücke teilen. Die Stücke mit den Händen zu Kugeln formen und diese auf bemehlter Fläche rund ausrollen (Größe der Förmchen) und den Teig in die Förmchen legen (oder einfach die Teigkugeln mit den Händen direkt in die Förmchen drücken und den Teig gleichmäßig verteilen). Einen Rand hochziehen. Den Teigboden mit einer Gabel mehrmals einstechen. Die Tartelette-Böden auf mittlerer Schiene etwa 15 Minuten backen.

Für den Karamell den Zucker mit 120 ml Wasser in einem Topf unter Rühren aufkochen und so lange köcheln lassen, bis die Flüssigkeit beginnt zu karamellisieren. Sobald die Masse leicht braun geworden ist, den Topf vom Herd nehmen und die Sahne dazugießen. Zurück auf den Herd stellen, 1–2 Minuten weiterrühren, bis die Masse wieder gleichmäßig flüssig ist. Anschließend die Butter und das Salz unterrühren. Den Karamell etwas abkühlen lassen. Anschließend gleichmäßig auf die gebackenen Tartelette-Böden gießen und auskühlen lassen.

Sobald der Karamell abgekühlt ist, die Schoko-Ganache zubereiten: Die Zartbitterschokolade klein hacken. Die Sahne aufkochen und über die Schokolade gießen. Die Masse umrühren, bis die Schokolade komplett geschmolzen ist. Das Chilipulver unterrühren. Die Ganache auf den Karamell gießen und gleichmäßig verteilen. Die Tartelettes kalt und fest werden lassen.

Für die Baisers 25 ml Wasser und 80 g Zucker in einem Topf aufkochen, bis sich der Zucker ausgelöst hat und Zuckersirup entstanden ist. Vom Herd nehmen und stehen lassen. Das Eiweiß mit einer Prise Salz steif schlagen und dabei die restlichen 20 g Zucker einrieseln lassen sowie den zuvor hergestellten Zuckersirup. Einige Minuten weiterschlagen, bis die Masse etwas abgekühlt ist. Das Baiser nun mit einer Spritztülle auf die Tartelettes spritzen und mit etwas Kakaopulver bestreuen.

Für einen heißen Sommertag, an dem man den Backofen nicht anschalten möchte, ist ein No Bake Cake genau das Richtige. Und wenn er dann auch noch weiße Schokolade und eine Portion Chili enthält, ist das Glück perfekt.

CHILI CHEESECAKE

Für 1 Springform (ø 20 cm)

Für den Keksboden
150 g Karamellkekse
50 g Butter

Für die Füllung
400 g weiße Schokolade
250 g Frischkäse (z. B. Philadelphia)
250 g Mascarpone
240 ml flüssige Schlagsahne
50 g Zucker
3 TL Chiliflocken

Für das Topping
2 Karamellkekse
1 TL Chiliflocken
weiße Schokolade

Außerdem
Öl für die Form

Den Boden der Springform mit Backpapier auslegen und die Ränder leicht einfetten.

Die Karamellkekse in einem Mixer ganz fein zerkleinern. Die Butter in einem kleinen Topf schmelzen und mit den Keksbröseln vermischen. Die Brösel sollten gleichmäßig von der Butter durchtränkt sein und wie nasser Sand aussehen. Die Mischung auf dem Boden der Form verteilen, mit einem Löffel fest andrücken und 15 Minuten im Kühlschrank kalt stellen.

Für die Füllung die weiße Schokolade über einem Wasserbad schmelzen und etwas abkühlen lassen. Den Frischkäse mit einem Handrührgerät cremig rühren. Mascarpone, Schlagsahne, Zucker, Chiliflocken und weiße Schokolade dazugeben und gut verrühren. Dann die Masse auf dem Keksboden verteilen, glatt streichen und mindestens 3 Stunden kalt stellen.

Mit einem Messer am Rand der Springform entlangfahren und den Kuchen aus der Form lösen. Für das Topping die Karamellkekse zerbröseln, mit den Chiliflocken und geraspelter weißer Schokolade mischen und auf dem Kuchen verteilen.

D

... wie Datteln

FAKTEN

Datteln sind die Früchte der Echten Dattelpalme, welche eine alte orientalische Kulturpflanze ist. Die Echte Dattelpalme erreicht Wuchshöhen von 15 bis 20 Meter und kann bis zu 50 Kilogramm Datteln tragen. Sie ist eine Wüstenpflanze und benötigt daher viel Sonne, in den Sommermonaten allerdings auch reichlich Wasser. Ansonsten ist sie eher anspruchslos.

GUT ZU WISSEN

Getrocknete Datteln haben einen Zuckeranteil zwischen 60 und 70 Prozent, sie sind aber dennoch keine Dickmacher, sondern wahre Energiespender. Afrikanische Nomaden können sich wochenlang nur von Datteln und Kamelmilch ernähren. Zusätzlich sind Datteln angeblich ein natürliches Beruhigungsmittel und man schreibt ihnen zu, stimmungsaufhellend zu wirken.

Hefeschnecken mal anders! Diese lecker-fluffigen Schnecken überzeugen mit einer Füllung aus Dattelkaramell und einem cremig-sahnigen Frischkäse-Frosting. Sie sind kalt wie warm ein wahrer Genuss für die Sinne!

Schnecken mit Dattelkaramell

Für 1 Auflaufform
(z. B. 32 x 24 cm);
ergibt 16 Schnecken

Für den Hefeteig
1 Würfel Hefe

250 ml lauwarme Mandelmilch
(oder Kuhmilch)

100 g Zucker

570 g Weizenmehl (Type 405)

½ Päckchen Backpulver (ca. 8 g)

½ TL Salz

150 ml Rapsöl

Für den Dattelkaramell
300 g getrocknete Datteln

1 TL Zimt

1 Prise Salz

300 ml Mandelmilch
(oder Kuhmilch)

200 g brauner Zucker

Für das Frosting
120 g Sahne

200 g Frischkäse

50 g Puderzucker

Außerdem
Butter für die Form

Mehl zum Ausrollen

Die Hefe in die lauwarme Mandelmilch bröckeln. Den Zucker dazugeben, umrühren und etwa 10 Minuten stehen lassen.

Mehl, Backpulver und Salz vermischen. Das Rapsöl und die Hefemilch dazugeben und alles zu einem glatten Teig verkneten. Den Hefeteig abgedeckt an einem warmen Ort etwa 1 Stunde gehen lassen oder aber über Nacht im Kühlschrank.

Für den Dattelkaramell alle Zutaten, ausgenommen dem braunen Zucker, 2–3 Minuten in einem Blender cremig mixen. Die Datteln kleben sehr stark, sodass man die Masse zwischendurch im Blender wieder mit einem Spatel nach unten schieben muss. So lange mixen, bis die Masse eine cremige Konsistenz hat.

Den Backofen auf 160 °C Umluft (180 °C Ober-/Unterhitze) vorheizen. Die Auflaufform einfetten.

Den Teig noch einmal einige Minuten gut durchkneten und auf einer bemehlten Fläche zu einem etwa 60 x 40 cm großen Rechteck ausrollen.

Ungefähr zwei Drittel des Dattelkaramells mit dem braunen Zucker verrühren und gleichmäßig auf der Teigplatte verstreichen.

Die Teigrolle der Länge nach aufrollen und die Rolle in etwa 16 gleich große Scheiben schneiden. Die Scheiben nun mit der Schnittfläche nach oben nebeneinander in die Auflaufform setzen (das ist eine etwas klebrige Angelegenheit, aber der Aufwand lohnt sich) und noch einmal 15 Minuten gehen lassen. Den restlichen Dattelkaramell auf den Schnecken verteilen.

Die Schnecken 30–35 Minuten im Backofen auf der mittleren Schiene backen.

Die Zutaten für das Frosting miteinander verquirlen und auf die noch leicht warmen Schnecken streichen.

MARKUS' TIPP

*Ihr mögt andere Kerne
im Krokant lieber? Dann
probiert es aus!*

Datteln haben einen Vorteil, wenn man sie beim Backen verwendet. Sie halten den Kuchen schön feucht. Diese Törtchen sind also richtig schön saftig. Dazu den knusprigen Kürbiskern-Krokant. Einfach himmlisch.

TÖRTCHEN MIT KÜRBISKERN-KROKANT

Für 12 Törtchen

Für den Teig

250 g getrocknete Datteln, entsteint und klein geschnitten

1 TL Natron

60 g gesalzene Butter, gewürfelt

2 Eier (Größe L)

1 TL Vanillearoma

150 g Weizenmehl (Type 405)

1 TL Backpulver

150 g brauner Zucker

Für den Kürbiskern-Krokant

90 g Zucker

6 EL Kürbiskerne

2 TL Butter

Außerdem

Muffinform

Butter für die Form

Die Datteln mit 300 ml Wasser mischen und in einem kleinen Topf aufkochen. Sobald das Wasser zu kochen beginnt, das Natron und die Butter dazugeben, kurz verrühren und vom Herd nehmen. 25 Minuten abkühlen lassen.

Den Backofen auf 160 °C Umluft (180 °C Ober-/Unterhitze) vorheizen und eine Muffinform mit geraden Seitenwänden gut mit Butter einfetten.

Die Dattelmischung in eine Schüssel geben. Die Eier und das Vanillearoma dazugeben und 20–30 Sekunden unterrühren.

Mehl, Backpulver und braunen Zucker mischen und ebenfalls unter die Dattelmischung rühren, bis alles gut verbunden ist. Den Teig gleichmäßig auf die Formen verteilen und auf der mittleren Schiene im Backofen 30 Minuten backen.

Währenddessen den Zucker in einer beschichteten Pfanne langsam erhitzen, bis dieser zu karamellisieren beginnt. Sobald der Karamell eine schöne hellgoldene Färbung bekommt, die Kürbiskerne und die Butter dazurühren. Die Karamellmasse auf ein Backpapier gießen und mit einem nassen Löffel glatt streichen.

Die Törtchen aus dem Ofen nehmen und in der Form vollständig abkühlen lassen, erst dann aus der Form lösen.

Den Krokant in Stücke brechen und in die Törtchen stecken.

... wie Erdnuss

FAKTEN

Genau genommen ist die Erdnuss gar keine Nuss, sondern ein Gemüse, denn sie gehört zu den Hülsenfrüchten (daher auch die englische Bezeichnung peanut, *wörtlich übersetzt* Erbsennuss*). Sie kann auch im rohen Zustand verzehrt werden und schmeckt dann eher wie eine Bohne. Erst durch die Röstung bekommt sie ihren typisch nussigen Geschmack.*

GUT ZU WISSEN

Erdnüsse enthalten sehr viel Fett (40–50 %), wodurch sie perfekt für die Ölherstellung geeignet sind. Erdnussöl wird besonders in der asiatischen Küche geschätzt. Auch zum Backen ist das Öl bestens geeignet und so gut wie geschmacksneutral. Fast 2 % der Weltbevölkerung reagieren allerdings allergisch auf Erdnüsse – da ist also besondere Vorsicht geboten.

Salzig und süß zugleich – ein prickelndes Geschmacks-erlebnis für alle, die das Besondere mögen. Und noch dazu verpackt in einem Käsekuchen. Klingt gut? Ist es auch! Ich liebe die Kombi Erdnuss und Karamell ...

Cheesecake mit Salzkaramell

Für 1 Springform
(ø 18–20 cm)

Für den Boden
150 g Butterkekse
80 g Butter, geschmolzen

Für die Füllung
300 g Frischkäse
100 g Erdnussbutter
1 Päckchen Vanillezucker
40 g Puderzucker
200 g weiße Crisp-Schokolade
(oder normale weiße Schokolade)

Für den Salzkaramell
100 g Zucker
1 Päckchen Vanillezucker
150 ml Sahne
50 g salzige Butter (oder normale Butter plus 1 Prise Salz)

Außerdem
gesalzene Erdnüsse zum Garnieren

Für den Boden die Butterkekse fein zerbröseln. Mit der Butter vermengen und alles in die Springform geben. Gleichmäßig verteilen und mit den Händen festdrücken. Am besten die Hände zuvor mit Wasser befeuchten, damit nichts an den Fingern kleben bleibt. Die Springform in den Kühlschrank stellen.

Für die Füllung den Frischkäse mit der Erdnussbutter verrühren. Vanille- und Puderzucker dazugeben und weiterrühren.

Die Schokolade hacken und in einem Wasserbad oder in der Mikrowelle bei geringer Wattzahl schmelzen. Die geschmolzene Schokolade unter Rühren in die Frischkäsemischung gießen.

Die Füllung auf den Boden geben, gleichmäßig verteilen und die Oberfläche glatt streichen. Den Erdnuss-Cheesecake über Nacht im Kühlschrank fest werden lassen.

Für den Salzkaramell Zucker, 50 ml Wasser und Vanillezucker unter Rühren aufkochen und karamellisieren lassen. Sobald sich die Flüssigkeit bräunlich verfärbt hat, die Sahne dazugießen und weiterköcheln lassen, bis sich die Klumpen, die dabei entstehen, wieder verflüssigt haben. Zum Schluss die salzige Butter unter-rühren. In ein Gefäß füllen und abkühlen lassen.

Vor dem Servieren den gekühlten Cheesecake mit dem Salz-karamell begießen und mit gesalzenen Erdnüssen bestreuen.

Maras Tipp

Bei der Erdnussbutter
kann man je nach Vorliebe
entweder die cremige oder
die crunchige Variante
wählen.

Ob als Brotaufstrich, als Milchshake oder als Füllung von Cakepops – ich kann einfach nicht genug von Erdnussbutter bekommen. Darum ist dieser Kuchen sozusagen eine Hommage an die Erdnussbutter.

ERDNUSS-CRUNCH-SCHOKOGUGEL

Für 1 Gugelhupfform (ø 28 cm)

Für den Teig
240 g Butter, gewürfelt

40 g Kakaopulver

1 EL frisch gemahlenes Espressopulver

1 TL Salz

300 g Weizenmehl (Type 405)

250 g Zucker

1 TL Natron

2 Eier (Größe L), Zimmertemperatur

120 g griechischer Joghurt

Für den Erdnuss-Crunch
75 g Zucker

¼ TL Salz

75 g Erdnusskerne

etwas Öl für das Messer

Für die Glasur
200 g Puderzucker

40 ml Milch

75 g Erdnussbutter

Mark von ½ Vanilleschote

½ TL Salz

Außerdem
Butter für die Form

Den Backofen auf 160 °C Umluft (180 °C Ober-/Unterhitze) vorheizen und eine Gugelhupfform einfetten. Ein Backblech mit Backpapier belegen und ein Messer mit etwas Öl benetzen.

Butter, Kakao- und Espressopulver, Salz und 240 ml Wasser in einem kleinen Topf bei niedriger Hitze schmelzen. Dann vom Herd nehmen und abkühlen lassen.

Mehl, Zucker und Natron in einer großen Schüssel mischen, die Hälfte der Butter-Kakao-Mischung dazugeben und mit einem Handrührgerät auf niedrigster Stufe kurz verrühren. Dann die andere Hälfte dazugeben und nochmals kurz vermengen.

Die Eier und den Joghurt nacheinander jeweils 10 Sekunden bei niedriger Geschwindigkeit unterrühren. Den Teig in die gefettete Form geben und auf der mittleren Schiene im Backofen 40–50 Minuten backen. Mit einem Holzstäbchen testen, ob der Kuchen fertig ist – wenn kein Teig am Stäbchen kleben bleibt, kann der Kuchen aus dem Ofen. 10 Minuten in der Form abkühlen lassen, dann auf ein Kuchengitter stürzen.

Während der Kuchen auskühlt, kann der Erdnuss-Crunch vorbereitet werden: Dazu Zucker und Salz in einem kleinen Topf langsam erhitzen, bis der Zucker schmilzt und goldgelb karamellisiert. Dann die Erdnüsse dazugeben, alles vermengen und auf das vorbereitete Backblech geben. Mit dem eingeölten Messer die Masse schön glatt streichen und vollständig erkalten lassen.

Für die Glasur alle Zutaten in einer kleinen Schüssel mit einem Handrührgerät verrühren. Sollte die Glasur zu fest sein, einfach etwas Milch hinzufügen. Dann die Glasur mit einem Esslöffel auf dem abgekühlten Kuchen verteilen. Den Erdnuss-Crunch in kleine Stücke brechen und sofort auf der Glasur verteilen.

... wie Feigen

FAKTEN

Die Feige ist ein Strauch oder Baum mit einer Wuchshöhe von drei bis zehn Metern. Der Anbau von Feigen beschränkt sich hauptsächlich auf den Mittelmeerraum. In wintermilden Regionen kann sie allerdings auch weitab ihrer warmen Heimat gedeihen. Die ersten Feigen können im zweiten Jahr nach der Pflanzung geerntet werden. Die Bäume tragen rund 50 Jahre lang Früchte.

GUT ZU WISSEN

Die meisten Feigen werden getrocknet, dadurch steigt der Zuckeranteil auf etwa 60 %. Aber auch frisch sind reife Feigen ein absoluter Genuss. Sehr beliebt ist auch Feigensenf. Er schmeckt herrlich zu Käse oder Fleisch. Im antiken Griechenland schrieb man der Feige übrigens aphrodisierende Eigenschaften zu, weshalb sie bereits damals eine äußerst begehrte Frucht war.

Feigen, Walnüsse und Honig gehören einfach zusammen. Dieses kulinarische Trio ist unglaublich lecker und wird hier nahezu perfekt in Kombination mit einer köstlichen Mascarponecreme.

Feigen-Walnuss-Tarte

Für 1 Tarte
(ø 26–28 cm)

Für den Teig
200 g Weizenmehl (Type 405)
100 g weiche Butter
100 g Zucker
1 Ei (Größe M)
1 Prise Salz
50 g gemahlene Walnusskerne

Für die Mascarponecreme
250 g Mascarpone
300 g Magerquark
80 g Zucker
1 Päckchen Vanillezucker
100 ml Milch
200 g Sahne

Für das Topping
ca. 10 frische Feigen
einige Walnusskerne
etwas Honig

Außerdem
Butter für die Form

Den Backofen auf 170 °C Umluft (190 °C Ober-/Unterhitze) vorheizen. Eine Tarte-Form einfetten.

Die Zutaten für den Teig miteinander verkneten, bis ein homogener Mürbeteig entstanden ist. Diesen Teig in die Tarte-Form geben, gleichmäßig verteilen und festdrücken. Am besten funktioniert das mit den Händen, die man zuvor mit etwas Wasser befeuchtet hat. Mit dem Teig einen Rand an der Form hochziehen. Den Boden mit einer Gabel mehrmals einstechen und diesen 20–25 Minuten auf der mittleren Schiene backen. Der Teig sollte schön goldgelb sein. Anschließend abkühlen lassen.

Für die Mascarponecreme alle Zutaten außer der Sahne miteinander verrühren. Die Sahne steif schlagen und unterheben. Die Creme gleichmäßig auf dem Boden verteilen.

Die frischen Feigen achteln und zusammen mit den Walnüssen auf der Creme verteilen. Die Tarte kühl stellen und vor dem Servieren noch mit etwas Honig beträufeln.

Manchmal hat man so viel Obst zu Hause, dass man nicht weiß, was man damit anstellen soll. Ein Clafoutis ist dafür genau die richtige Lösung. Damit kann man übriges Obst zu einer leckeren Süßspeise umwandeln.

FEIGEN-CLAFOUTIS

Für 1 quadratische Auflaufform (20 x 20 cm)

6 reife Feigen
60 g Weizenmehl (Type 405)
1 TL gemahlener Kardamom
½ TL Backpulver
110 g Zucker
3 Eier (Größe M)
350 ml Milch
Mark von 1 Vanilleschote
2 EL gehobelte Haselnusskerne
2 EL Ahornsirup

Außerdem
Butter für die Form

Den Backofen auf 160 °C Umluft (180 °C Ober-/Unterhitze) vorheizen und eine Auflaufform einfetten. Die Feigen halbieren und gleichmäßig in der Form verteilen.

Mehl, Kardamom und Backpulver in eine Schüssel sieben, dann den Zucker dazugeben und alles gut vermischen.

Eier, Milch und Vanillemark in einem Rührbecher verquirlen und nach und nach mit dem Mehlgemisch verrühren, bis ein glatter Teig entsteht. Diesen Teig über die Feigen gießen und mit den gehobelten Haselnüssen bestreuen.

Die Auflaufform in den Ofen stellen und das Clafoutis auf der mittleren Schiene 35–45 Minuten backen, bis der Auflauf schön goldgelb ist. Dann herausnehmen, mit dem Ahornsirup beträufeln und noch warm servieren.

MARKUS' TIPP
Ersetzt das Weizenmehl durch Vollkornmehl, für eine gesündere Alternative.

... wie Grieß

FAKTEN

Grieß wird aus Getreide gewonnen, er wird ähnlich hergestellt wie Mehl, jedoch wird die Mühle anders eingestellt. Meistens wird Grieß aus Hart- oder Weichweizen erzeugt. Alle Grießsorten durchlaufen ein relativ aufwendiges Herstellungsverfahren. Die Getreidekörner werden dabei grob gereinigt, verlesen, geschält und erst dann mehrmals vermahlen.

GUT ZU WISSEN

Hartweizengrieß bleibt beim Kochen recht fest und ist daher vor allem für die Herstellung von Pasta und anderen Teigwaren geeignet. Weichweizengrieß hingegen zerkocht wesentlich leichter und macht Gerichte daher eher sämig. Aufgrund dessen eignet er sich gut für Brei, Pudding oder auch für Suppen. Am bekanntesten ist wohl klassischer Grießbrei mit Zimt und Apfelmus.

Grießbrei ist ja schon was Leckeres. Aber wenn man daraus diese Sticks zubereitet, dann schmeckt das Ganze doppelt so gut! Und sie sind noch dazu praktisch als Partymitbringsel oder fürs Picknick im Grünen.

Grieß-Sticks mit Schokosoße

Für 1 eckige Auflaufform (ca. 26 x 16 cm); ergibt 20 Stück

Für die Grieß-Sticks
1 l Milch
250 g Weichweizengrieß
30 g Butter
40 g Zucker
Salz

Für die Schokosoße
125 ml Sahne
250 g Zucker
100 g Kakaopulver

Für die Panade
80 g Weizenmehl (Type 405)
2 Eier (Größe M)
100 g Paniermehl

Außerdem
Butter zum Ausbacken
200 g Zimtzucker zum Wälzen

Die Milch aufkochen, den Weichweizengrieß unter Rühren einrieseln lassen. Butter, Zucker und eine Prise Salz dazugeben und einige Minuten leicht köcheln lassen, bis der Grieß weich ist. Dabei ständig umrühren, damit nichts anbrennt.

Den Grießbrei in eine mit Backpapier ausgelegte eckige Auflaufform geben, gleichmäßig verteilen, die Oberfläche glatt streichen und auskühlen lassen.

Für die Schokosoße 125 ml Wasser mit der Sahne und dem Zucker in einem Topf zum Kochen bringen. Einige Minuten unter Rühren einköcheln lassen, bis sich der Zucker vollständig aufgelöst hat. Dann das Kakaopulver langsam einrieseln lassen, dabei immer weiterrühren, sodass sich alles gut vermischt und keine Klümpchen mehr vorhanden sind. Nun die Soße noch ein paar Minuten einköcheln lassen.

Den ausgekühlten festen Grießbrei in etwa 20 Stücke schneiden. Die einzelnen Stücke zunächst von allen Seiten im Mehl wenden. Dann die Eier aufschlagen und die Sticks darin eintauchen. Im Anschluss noch durch das Paniermehl ziehen.

Butter in einer Pfanne schmelzen und die Grieß-Sticks von allen Seiten her anbraten oder ausbacken. Anschließend im Zimtzucker wälzen. Warm oder kalt mit der Schokosoße servieren.

Schon als Kind war ich ein absolutes Schleckermaul. Meine beiden Leibgerichte waren Waffeln und Grießbrei. Für die Back-Challenge habe ich beides kombiniert und den Grieß in frisch gebackene Waffeln gepackt.

GRIESSWAFFELN MIT HIMBEEREN

Für 3 dicke oder 6 dünne Waffeln

Für die Waffeln
125 g weiche Butter

40 g Zucker

3 Eier (Größe M)

125 g Weizenmehl (Type 405)

125 g Weichweizengrieß

1 TL Backpulver

250 ml Milch

125 g Himbeeren

2 EL Puderzucker

Außerdem
Waffeleisen

Himbeeren und Puderzucker für die Deko, nach Belieben

Die weiche Butter mit dem Zucker in einer großen Schüssel mit der Küchenmaschine schaumig schlagen.

Nacheinander die Eier auf niedriger Geschwindigkeit einzeln je 20 Sekunden unterrühren, bis sich diese gut mit der Butter-Zucker-Mischung verbunden haben.

Mehl, Grieß und Backpulver in einer kleinen Schüssel mischen und abwechselnd mit der Milch bei niedriger Geschwindigkeit zur Buttermischung rühren. Den Teig abgedeckt etwa 30 Minuten quellen lassen.

Die Himbeeren zusammen mit dem Puderzucker pürieren und anschließend durch ein Sieb streichen. Das feine Himbeermus zum gequollenen Teig geben und nur kurz vermengen. Der Teig soll nicht komplett damit eingefärbt werden, sondern lediglich mit dem Himbeermus marmoriert sein.

Ein Waffeleisen aufheizen und dicke Waffeln ausbacken. Je nach Dicke der Waffeln dauert das zwischen 2 und 3½ Minuten.

Die Waffeln bleiben knusprig, wenn man sie nebeneinander auf ein Kuchengitter legt. Übereinandergestapelt werden sie weich.

Je nach Wunsch können die Waffeln noch mit Himbeeren und Puderzucker garniert oder einfach pur genossen werden.

... wie Honig

FAKTEN

Honig ist ein von Bienen produziertes Nahrungsmittel, das hauptsächlich aus dem Nektar von Blüten oder dem „Honigtau", den einige Insektenarten ausscheiden, entsteht. Bereits seit mehr als 9000 Jahren nutzt der Mensch Honig als Nahrungsmittel. Die Imker entnehmen die mit Honig gefüllten Waben, entfernen den Wachsdeckel darauf und schleudern den Honig in einer Zentrifuge aus den Waben.

GUT ZU WISSEN

Honig sollte immer kühl und trocken gelagert werden, nur so bleiben alle Inhaltsstoffe erhalten. Mit der Zeit kristallisiert der Zucker im Honig und lässt ihn fest werden. Durch leichtes Erwärmen im Wasserbad kann man den Honig wieder verflüssigen. Beim Backen kann Honig zum Karamellisieren oder Süßen verwendet werden. Durch zu starkes Erhitzen (über 40 °C) verliert der Honig aber jegliche wertvolle Inhaltsstoffe.

Wer Honig mag, der wird diese Tartelettes lieben! Köstliche Mandeln, die von Honig-Karamell ummantelt sind und sich auf einer cremigen Füllung niederlassen, welche sich auf einem knusprigen Mürbeteigboden tummelt.

Honig-Mandel-Tartelettes

Für 6 Tartelettes

Für den Mürbeteig

300 g Weizenmehl (Type 405)

200 g Butter

100 g Zucker

1 Prise Salz

Für die Füllung

200 g griechischer Joghurt

200 g Schmand

1 Ei (Größe M)

50 g Mehl

70 g milder Honig

Für die Honig-Mandeln

100 g Honig

100 g Zucker

100 g Butter

100 g Mandelblättchen

Außerdem

6 Tartelette-Förmchen

Butter für die Förmchen

Mehl zum Ausrollen

Die Zutaten für den Mürbeteig miteinander verkneten und den Teig in Frischhaltefolie eingewickelt etwa 1 Stunde in den Kühlschrank legen. Die Tartelette-Förmchen einfetten. Den Teig auf einer bemehlten Fläche ausrollen. Sechs große Kreise ausstechen oder ausschneiden und diese in die Förmchen legen. Einen Rand hochziehen.

Den Backofen auf 160 °C Umluft (180 °C Ober-/Unterhitze) vorheizen.

Für die Füllung alle Zutaten miteinander verrühren und gleichmäßig auf die Tartelette-Böden verteilen. Die Tartelettes 25–30 Minuten auf der mittleren Schiene backen.

Für die Honig-Mandeln den Honig mit dem Zucker und der Butter in einem Topf aufkochen. Unter Rühren etwa 2 Minuten köcheln lassen. Vom Herd nehmen und die Mandelblättchen unterziehen. Die Mandelmasse sofort auf den Tartelettes verteilen und auskühlen lassen.

Die Honig-Mandel-Tartelettes im Kühlschrank lagern.

Maras Tipp
Für das Rezept am Besten einen sehr milden Honig verwenden.

Zu einem Sonntagsfrühstück gehören frisch gebackene Brötchen. Meine Hefebrötchen mit Honig und Pinienkernen sind dafür perfekt geeignet, man kann sie einfach abreißen und süß sind sie auch schon ohne Marmelade.

HEFEBRÖTCHEN MIT HONIG

Für 1 Springform (ø 28 cm);
ergibt 12 Stück

Für die Brötchen
180 ml Milch
1 Würfel Hefe
500 g Dinkelmehl
Salz
50 g Zucker
60 g weiche Butter
1 Eigelb
2–3 EL Honig
40 g Pinienkerne, gehackt

Für den Belag
150 g flüssiger Honig
100 g brauner Zucker
2 EL Sahne
150 g Pinienkerne

Außerdem
Butter für die Form

50 ml Milch in einem kleinen Topf langsam erwärmen. Die Temperatur der Milch sollte 25 °C nicht übersteigen. Dann die Hefe hineinbröckeln und gut verrühren.

Mehl, eine Prise Salz und Zucker in einer großen Schüssel mischen, eine Mulde in der Mitte bilden und das Hefegemisch hineingießen. Die Schüssel abdecken und 10 Minuten ruhen lassen. Danach etwas Mehl vom Rand über die Hefe geben.

Die restliche Milch ebenfalls erwärmen und mit der weichen Butter und dem Eigelb in die Schüssel geben. Mit dem Knethaken der Küchenmaschine zu einem geschmeidigen Teig verrühren. Der Teig ist fertig, sobald er sich vom Schüsselrand löst. Klebt er zu sehr, einfach etwas Mehl dazugeben. Eine Kugel aus dem Teig formen, diese in die Schüssel zurücklegen, abdecken und an einem warmen Ort etwa 1 Stunde gehen lassen.

Den Backofen auf 160 °C Umluft (180 °C Ober-/Unterhitze) vorheizen und eine Springform sehr gut einfetten.

Für den Belag Honig, braunen Zucker und Sahne in einem kleinen Topf auf mittlerer Hitze erwärmen, bis sich der Zucker gelöst hat. Dann etwa 3 Minuten aufkochen lassen. Die Pinienkerne in der Springform verteilen und mit dem Honig-Karamell übergießen.

Den Teig nach dem Gehen auf einer leicht bemehlten Arbeitsplatte zu einem Rechteck (etwa 20 x 30 cm) ausrollen, mit Honig bestreichen und mit den gehackten Pinienkernen bestreuen. Dann den Teig von der kurzen Seite zu etwa einem Drittel einklappen, dann die andere Seite daraufklappen. Nochmals gut durchkneten. Den Teig in zwölf Teile teilen, zu Kugeln formen und kreisförmig in die Springform setzen. Nochmals 15 Minuten gehen lassen und im Backofen auf mittlerer Schiene etwa 40 Minuten backen.

Die Form dann aus dem Ofen holen und die Hefe-Brötchen auf ein Kuchengitter stürzen

... wie Ingwer

FAKTEN

Ingwer ist ein Küchengewürz, aber auch ein Heilmittel. Die größten Anbaugebiete für Ingwer liegen in den Tropen und Subtropen. Der Ingwerknolle werden viele gesundheitsfördernde Eigenschaften nachgesagt. Sie gilt als entzündungshemmend und reinigend, ist gut für den Stoffwechsel und regt Kreislauf und Durchblutung an. Auch gegen Übelkeit und Magenschmerzen soll sie helfen.

GUT ZU WISSEN

Ingwer ist würzig und leicht scharf, kann aber auch sehr erfrischend schmecken. Ingwer ist vor allem in der asiatischen und indischen Küche ein typisches Gewürz. Er wird frisch oder getrocknet als Pulver verwendet. Neben Currys werden auch Chutneys, Aufstriche und Marinaden gerne mit Ingwer verfeinert. Frisch aufgebrühter Ingwertee schmeckt nicht nur in der Erkältungszeit, sondern kann auch als Eistee getrunken werden.

In den USA habe ich sie kennengelernt. Lecker weiche Kekse, die mit Zuckerrübensirup und Ingwer hergestellt werden und so nicht nur den besonderen Geschmack, sondern auch ihre Farbe erhalten.

Ingwer-Melasse-Kekse

Für 40 Stück

Für die Kekse

170 g weiche Butter

200 g Zucker

170 g Zuckerrübensirup

1 Ei (Größe M)

½ Päckchen Backpulver

310 g Weizenmehl (Type 405)

½ TL Salz

1 TL Zimt

½ TL gemahlener Ingwer

½ TL gemahlene Nelken

Außerdem

100 g Zartbitterkuvertüre

1 Handvoll gehackte Walnusskerne für die Deko

Den Backofen auf 180 °C Umluft (200 °C Ober-/Unterhitze) vorheizen.

Alle Kekszutaten zu einem Teig verrühren. Es entsteht ein klebriger Keksteig.

Von der Teigmasse löffelweise kleine Portionen abstechen und diese in den mit Wasser angefeuchteten Händen zu kleinen Kugeln formen. Die Teigkugeln auf ein mit Backpapier ausgelegtes Blech setzen. Zwischen den Keksen reichlich Platz lassen, da sich der Keksteig beim Backen sehr stark ausbreitet und die Kekse ziemlich groß werden.

Die Ingwer-Melasse-Kekse 8–10 Minuten backen. Direkt nach dem Backen sind die Kekse noch sehr weich, sie werden jedoch fest, sobald sie ausgekühlt sind.

Die Zartbitterkuvertüre klein hacken und in einem Wasserbad oder in der Mikrowelle bei geringer Wattzahl schmelzen. Über den ausgekühlten Keksen verteilen und mit den Nüssen bestreuen. Trocknen lassen und die Kekse kühl aufbewahren.

MARKUS' TIPP

*Wie wäre es mit einer
leckeren Ingwerlimo dazu?
Einfach 1 Glas Mineralwasser
mit 1 cl Ingwersirup
mischen.*

Ingwer kennen viele nur aus der Asia-Küche. Doch sein zitronig-scharfes Aroma passt auch super zu Süßspeisen. In meinem Rezept geht er die perfekte Verbindung mit fruchtigen Möhren und cremigem Mascarpone ein.

INGWER-MÖHREN-KUCHEN

Für 1 Kastenform
(26 cm lang)

Für den Ingwersirup
170 g Zucker
1 daumendickes
Stück Ingwer, 5 cm

Für den Teig
300 g Möhren
1 EL Zitronensaft
150 g Dinkelmehl
150 g Polenta
Salz
½ TL Zimt
1 TL Kardamom
2 TL Backpulver
100 ml Agavendicksaft
4 Eier (Größe M)
180 ml Sonnenblumenöl

Für die Mascarponecreme
220 g Mascarpone
30 g Puderzucker
2 TL Vanille-Extrakt
1 EL Ingwersirup
(siehe oben)
250 ml Sahne
30 g kandierter Ingwer

Außerdem
Butter für die Form
Semmelbrösel zum Ausstreuen

Für den Sirup 200 ml Wasser und Zucker in einem kleinen Topf köcheln lassen, bis sich der Zucker gelöst hat. Den Ingwer schälen, in Scheiben schneiden und ins Zuckerwasser geben. Alles kurz aufkochen, dann 15 Minuten leicht köcheln lassen, bis die Masse zu einem Sirup eindickt. Den Ingwer herausnehmen und den Sirup erkalten lassen.

Den Backofen auf 160 °C Umluft (180 °C Ober-/Unterhitze) vorheizen. Eine Kastenform mit Butter einfetten und mit Semmelbröseln ausstreuen.

Die Möhren schälen, fein reiben und mit dem Zitronensaft vermischen.

Dinkelmehl, Polenta, eine Prise Salz, Zimt, Kardamom und Backpulver miteinander mischen.

Agavendicksaft und Eier in der Küchenmaschine mit dem Schneebesenaufsatz schaumig aufschlagen. Dann das Sonnenblumenöl dazufließen lassen.

Im Anschluss die Möhrenmasse vorsichtig unterheben, dann das Mehlgemisch dazugeben.

Den Teig in die Form füllen und auf der mittleren Schiene etwa 50 Minuten backen.

Den Kuchen aus dem Ofen nehmen und noch heiß mit dem Ingwersirup einpinseln und vollständig erkalten lassen.

Für die Mascarponecreme den Mascarpone zusammen mit dem Puderzucker, dem Vanille-Extrakt und dem Ingwersirup kurz verrühren. Die Sahne schlagen und unterheben. Dann die Creme auf dem Kuchen verteilen und mit dem kandierten Ingwer bestreuen.

... wie Johannisbeeren

FAKTEN

Johannisbeeren kamen im 14. Jahrhundert aus Asien und dem Mittelmeerraum zu uns nach Europa und gehören zur Familie der Stachelbeergewächse. Sie zählen zu den beliebtesten heimischen Beeren. Neben den klassischen Roten und Schwarzen Johannisbeeren gibt es mittlerweile auch eine weiße und goldgelbe Variante.

GUT ZU WISSEN

Johannisbeeren sollten nach der Ernte nicht allzu lang aufbewahrt werden, da sonst die wichtigen Nährstoffe verloren gehen. Besonders die Schwarzen Johannisbeeren enthalten viel Vitamin C. Johannisbeeren eignen sich sehr gut für Gelees, Marmeladen und fruchtig erfrischende Sommerkuchen.

Wenn die Johannisbeer-Saison eingeläutet wird, gibt es kaum einen leckereren Kuchen als diesen. Ein unglaublich saftiger Johannisbeerteig mit fluffigem Baiser. Eine Traumkombi, die so manches Sommerfest versüßt!

Johannisbeerkuchen

Für 1 Springform (ø 26 cm)

Für den Boden
100 g weiche Butter
1 Päckchen Vanillezucker
200 g Zucker
4 Eier (Größe M)
250 g Weizenmehl (Type 405)
1 Päckchen Backpulver
Salz
200 g Johannisbeeren

Für das Baiser
4 Eiweiß
200 g Zucker
200 g Johannisbeeren

Außerdem
frische Johannisbeeren für die Deko

Den Backofen auf 180 °C Umluft (200 °C Ober-/Unterhitze) vorheizen. Die Springform einfetten.

Die weiche Butter mit dem Vanillezucker und dem Zucker cremig rühren. Die Eier nacheinander unterziehen. Mehl, Backpulver und eine Prise Salz unter Rühren einrieseln lassen. Schlagen, bis ein cremiger Teig entstanden ist. Zum Schluss die Johannisbeeren unterheben.

Den Teig in die Form füllen und etwa 30 Minuten auf der mittleren Schiene backen.

Kurz vor Ablauf der Backzeit das Baiser herstellen. Dafür das Eiweiß mit dem Zucker einige Minuten steif schlagen. Es wird aufgrund des hohen Zuckeranteils nicht allzu fest, sondern eher cremig. Anschließend die Johannisbeeren unterheben.

Den Kuchen aus dem Ofen holen, das Baiser auf die Oberfläche streichen und den Johannisbeerkuchen etwa 15 Minuten weiterbacken, bis das Baiser leicht gebräunt ist. Den Kuchen auskühlen lassen und vor dem Servieren mit einigen frischen Johannisbeeren dekorieren.

Maras Tipp
Wer den Boden nicht allzu saftig möchte, der halbiert einfach die Menge der Johannisbeeren.

Scones sind schnell zubereitet und schmecken warm mit einer Tasse Tee am besten. Die säuerlichen Johannisbeeren im Teig verleihen meiner Version einen frischen Kick zum perfekten Einstieg in den Tag.

JOHANNISBEER-SCONES

Für 8 Scones
240 g Weizenmehl (Type 405)
1 EL Backpulver
½ TL Salz
50 g Zucker
50 g kalte Butter
100 g frische Johannisbeeren
230 ml Sahne

Außerdem
Mehl zum Ausrollen

Ein Backblech mit Backpapier auslegen und den Ofen auf 200 °C Umluft (220 °C Ober-/Unterhitze) vorheizen.

Mehl, Backpulver, Salz und Zucker in einer großen Schüssel vermischen. Die Butter würfeln, zur Mehlmischung geben und mit einer Gabel in den Teig einarbeiten.

Die Johannisbeeren und die Sahne dazugeben und vorsichtig umrühren, damit die Beeren nicht zu sehr zerdrückt werden.

Den Teig dann auf eine leicht bemehlte Arbeitsplatte geben und zu einer runden, etwa 3 cm dicken Scheibe formen. Die Scheibe wie einen Kuchen in acht Teile teilen, diese mit etwas Abstand vorsichtig auf das Backpapier legen und im Backofen auf der mittleren Schiene 10–15 Minuten backen, bis sie schön goldgelb sind.

Die Scones aus dem Ofen nehmen und etwas abkühlen lassen. Dann können sie serviert werden.

... wie Kaffee

FAKTEN

Kaffeepflanzen sind Sträucher, welche bis zu 12–15 Meter hoch werden können und weiße Blüten sowie kleine Steinfrüchte hervorbringen. Die Früchte benötigen mehrere Monate zur Reifung und wechseln je nach Reifegrad ihre Farbe. Jede Frucht enthält zwei Samen, die Kaffeebohnen, die nach der Ernte geröstet werden. Kaffee wird aufgrund seiner klimatischen Ansprüche nur in Ländern rund um den Äquator angebaut.

GUT ZU WISSEN

Kaffeepflanzen gehören zur botanischen Gattung Coffea, die alle ihren Ursprung in Afrika haben. Es gibt etwa 60 Kaffeearten; von Bedeutung für die Kaffeekultur sind jedoch nur wenige davon. Die gängigsten sind Coffea arabica (Arabica-Kaffee) und Coffea canephora (Robusta-Kaffee). Ersterer ist eher mild und harmonisch-ausgewogen im Geschmack. Robusta-Kaffee ist kräftiger und hat eine erdig-holzige Note.

Dieser Kuchen erinnert an einen Marmorkuchen, er wurde jedoch mit leckerem Kaffee und etwas Zimt verfeinert und ist aufgrund der Zutaten schön schokoladig und saftig. Und den Zebralook gibts obendrauf!

Kaffee-Zebra-Gugelhupf

Für 1 Gugelhupfform (ø 28 cm)

Für den Teig
250 g weiche Butter
200 g Zucker
6 Eier (Größe M)
1 EL Zimt
100 g gemahlene Mandeln
250 g Weizenmehl (Type 405)
1 Päckchen Backpulver
100 ml starker Kaffee
1 Päckchen Vanillezucker
30 g Kakaopulver
3 EL Milch

Für den Guss
150 g Zartbitterschokolade

Außerdem
Butter für die Form

Den Backofen auf 160 °C Umluft (180 °C Ober-/Unterhitze) vorheizen. Die Gugelhupfform einfetten.

Die weiche Butter mit dem Zucker cremig rühren. Die Eier nacheinander unterziehen. Zimt und Mandeln dazurühren.

Das Mehl mit dem Backpulver mischen und zusammen mit dem Kaffee und dem Vanillezucker zur Butter-Zucker-Mischung geben. Alles zu einem gleichmäßigen Rührteig verquirlen.

Die Teigmenge ungefähr halbieren und in eine der Teighälften das Kakaopulver sowie die Milch einrühren. Man erhält eine helle und eine dunkle Teighälfte, die man nun abwechselnd löffelweise in die Gugelhupfform gibt.

Den Kaffee-Zebra-Gugelhupf etwa 1 Stunde lang auf der mittleren Schiene backen. Den Stäbchentest machen, um sicherzugehen, dass der Teig durchgebacken ist. Den Kuchen komplett abkühlen lassen. Im Anschluss vorsichtig aus der Form lösen.

Die Schokolade für den Guss hacken und langsam in einem Wasserbad oder in der Mikrowelle bei geringer Wattzahl schmelzen. Anschließend über den Kuchen gießen.

MARKUS' TIPP

*Mit gemahlenem
Espressopulver wird
der Geschmack noch
intensiver.*

Kaffee und Kuchen gehören zusammen wie Sommer und Sonne, Ying und Yang oder Ernie und Bert. Doch Kaffee schmeckt nicht nur ZUM Kuchen, sondern auch IM Kuchen. Herrlich aromatisch!

SCHOKO-KAFFEE-KUCHEN

Für 1 Springform
(ø 20 cm)

180 g Weizenmehl (Type 405)
½ TL Natron
½ TL Backpulver
1 ½ EL frisch gemahlener Kaffee
180 g Butter
170 g Zucker
Mark von ½ Vanilleschote
1 Ei (Größe L) + 1 Eigelb
160 g Schokoladenjoghurt
100 g weiße Schokolade, grob gehackt
100 g schokolierte Espressobohnen
Puderzucker zum Bestäuben

Außerdem
Butter für die Form

Den Ofen auf 140 °C Umluft (160 °C Ober-/Unterhitze) vorheizen und die Springform einfetten.

In einer Schüssel Mehl, Natron, Backpulver und den frisch gemahlenen Kaffee vermischen.

Butter und Zucker in einer großen Schüssel schaumig rühren. Vanillemark und 1 Ei dazugeben und bei niedriger Geschwindigkeit kurz verrühren. Dann das Eigelb dazugeben und die Masse auf höchster Geschwindigkeit luftig aufschlagen.

Die Hälfte des Joghurts und der Mehlmischung unterheben, gut verrühren und dann den restlichen Joghurt sowie die restliche Mehlmischung dazugeben.

Die weiße Schokolade unterheben und den Teig in die vorbereitete Form geben. Im Backofen auf der mittleren Schiene 50–60 Minuten backen. Der Kuchen ist fertig, wenn der Teig nach leichtem Druck mit dem Finger auf die Oberfläche wieder in seine Form zurückspringt.

Den Kuchen aus dem Ofen nehmen und auf einem Kuchengitter vollständig abkühlen lassen. Dann mit einem Messer am Rand der Springform entlangfahren und den Kuchen aus der Form nehmen. Die Espressobohnen grob zerstoßen, auf dem Kuchen verteilen und mit Puderzucker bestäuben.

... wie Limette

FAKTEN

Limetten stammen ursprünglich aus Malaysia und wurden von Reisenden nach Europa gebracht. Sie wachsen heutzutage hauptsächlich in tropischen und subtropischen Ländern. Ein einzelner Limettenbaum kann bis zu 1000 Limetten jährlich liefern. Besonders beliebt sind die Zitrusfrüchte in Amerika und der Karibik, wo deren Schale und Saft schon seit vielen Jahrzehnten zum Kochen und Backen verwendet werden.

GUT ZU WISSEN

Limetten unterscheiden sich nicht nur in Größe und Form von Zitronen, sondern enthalten deutlich weniger Vitamin C. Sie trocknen bei Zimmertemperatur schneller aus und sollten daher im Kühlschrank gelagert werden. Die Schale der Limetten ist hierzulande nur von Bio-Varianten genießbar, sollte vorher aber auf jeden Fall heiß abgewaschen werden. Der Saft verleiht vielen Kuchen eine angenehm säuerliche Frische.

Sommerliche Zitrusnote in leckeren Muffins mit cremigem Topping. Wer kann dazu schon Nein sagen? Muss man auch nicht! Denn nach dem Genuss dieser wunderbaren Cupcakes sind Glücksgefühle garantiert.

Limetten-Cupcakes

Für 12 Stück

Für den Limetten-Curd
150 g Butter

130 ml Limettensaft
(das entspricht 4–5 Limetten)

250 g Zucker

5 Eier (Größe M)

Für die Muffins
170 g weiche Butter

170 g Zucker

1 Päckchen Vanillezucker

Salz

4 Eier (Größe M)

½ Päckchen Backpulver (ca. 8 g)

350 g Weizenmehl (Type 405)

150 g Limetten-Curd

60 ml Limettensaft

Für das Frosting
100 g Puderzucker

100 g Butter (Zimmertemperatur)

100 g Frischkäse
(Zimmertemperatur)

Außerdem
Muffinförmchen

Spritztülle

etwas Abrieb von 1 Bio-Limette

Für den Limetten-Curd die Butter in einem Topf schmelzen. Den Limettensaft dazugießen und den Zucker einrühren. Alles unter Rühren erwärmen, sodass der Zucker schmilzt.

Anschließend die Eier mit einem Schneebesen aufschlagen und verquirlen. Durch ein Sieb in die warme (aber NICHT kochende!) Limettenmischung einrühren. 10–20 Minuten auf dem Herd bei mittlerer Hitze aufschlagen, bis die Masse beginnt, dick zu werden. Der Curd darf dabei keinesfalls kochen, da sonst das Ei gerinnt. In ein verschließbares Glas abfüllen und komplett auskühlen lassen.

Den Backofen auf 170 °C Umluft (190 °C Ober-/Unterhitze) vorheizen.

Für die Muffins die weiche Butter mit dem Zucker und dem Vanillezucker cremig rühren. Eine Prise Salz dazugeben und die Eier nacheinander unterrühren. Backpulver und Mehl mischen und hinzufügen. Zum Schluss den Limetten-Curd sowie den Limettensaft dazugeben und alles zu einem cremigen Teig verrühren. Den Rührteig in Muffinförmchen füllen (zu etwa drei Vierteln voll) und 20–25 Minuten auf der mittleren Schiene backen. Den Stäbchentest machen, um sicherzugehen, dass der Teig durchgebacken ist. Die Muffins nach dem Backen komplett auskühlen lassen.

Für das Frosting den Puderzucker mit der Butter schaumig schlagen und den Frischkäse löffelweise unter Rühren dazugeben. In eine Spritztülle füllen und auf die Muffins spritzen. Wenn das Frosting etwas zu weich ist, stellt man es vor dem Spritzen einfach noch 10–20 Minuten in den Kühlschrank.

Zum Abschluss die Limetten-Cupcakes mit etwas abgeriebener Limettenschale bestreuen.

Wenn die Temperaturen steigen, sinkt die Lust auf üppige Torten. Dieser Pie mit Limetten und einem knusprigen Keksboden bietet da eine gute Alternative. Direkt aus dem Kühlschrank ist er eine echte Erfrischung.

LIMETTEN-PIE MIT SAHNETUPFEN

Für 1 Pie-Form
(ø 26 cm)

Für den Boden
150 g Kekse (gerne Vollkorn)
70 g Zucker
90 g Butter

Für die Füllung
2 Dosen gezuckerte
Kondensmilch (je 397 g)
130 g saure Sahne
180 ml frisch gepresster
Limettensaft (etwa 4–5 Limetten)
Schale von 2 Bio-Limetten

Für das Sahnetopping
200 g Sahne
2 EL Zucker
Abrieb von 1 Bio-Limette

Außerdem
Spritzbeutel mit Lochtülle
Butter für die Form

Den Backofen auf 170 °C Umluft (190 °C Ober-/Unterhitze) vorheizen. Eine Pie-Form einfetten und den Boden mit Backpapier auslegen.

Für den Boden die Kekse mit einem Mixer fein pürieren und mit dem Zucker vermischen. Die Butter schmelzen und über die Kekskrümel gießen. Gut umrühren, sodass sich alle Krümel mit Butter vollsaugen. Das Ganze sollte aussehen wie nasser Sand.

Die Keksmasse auf den Boden der Springform geben und mit einem Löffel gut festdrücken. Im Backofen 7 Minuten auf der mittleren Schiene backen, dann herausnehmen und 30 Minuten abkühlen lassen.

Für die Füllung den Backofen auf 150 °C Umluft (170 °C Ober-/Unterhitze) vorheizen. Die Kondensmilch mit der sauren Sahne, dem Limettensaft und dem Schalenabrieb verrühren und vorsichtig auf den vorgebackenen Boden gießen. Den Pie weitere 10 Minuten auf der mittleren Schiene backen, aus dem Ofen nehmen und vorsichtig mit einem scharfen Messer am Rand der Form entlangfahren, damit der Kuchen nicht reißt. Den Pie auf Zimmertemperatur abkühlen lassen und dann mindestens 3 Stunden oder über Nacht in den Kühlschrank stellen.

Für das Sahnetopping die Sahne schlagen, dabei den Zucker einrieseln lassen. Die geschlagene Sahne in einen Spritzbeutel mit Lochtülle füllen und kleine Tupfen auf den Pie sprühen. Mit der abgeriebenen Limettenschale garnieren.

M

... wie Mango

FAKTEN

Mangos werden zum Steinobst gezählt. Die Mangofrucht kommt aus Borneo und Indien, wo sie auch heute noch am weitesten verbreitet ist. Mangobäume werden mittlerweile jedoch in fast allen tropischen und subtropischen Gebieten angebaut. In Europa werden die Bäume hauptsächlich in Spanien kultiviert. Ein Mangobaum kann eine Höhe von bis zu 45 Metern erreichen.

GUT ZU WISSEN

Es gibt inzwischen über 1000 Mangosorten, die sich in Form, Größe und Geschmack unterscheiden. Mangos enthalten viel Vitamin A. Bereits 100 Gramm Fruchtfleisch decken 60 % des Tagesbedarfs eines Erwachsenen ab. Auch Vitamin C ist viel enthalten, hier liegt der Gehalt bei 30 Milligramm auf 100 Gramm. Mangos lassen sich in der Kücher vielseitig einsetzen.

Die beste Mango in meinem Leben aß ich einst in Los Angeles. Und ich konnte einfach nicht genug davon bekommen! Ganz genauso geht es mir mit diesem Pie hier! Einfach zu lecker ... Probiert es auch!

Mango-Buttermilch-Pie

Für 1 Tarte-Form
(ø 26–28 cm)

Für den Mürbeteig
300 g Weizenmehl (Type 405)
200 g weiche Butter
100 g Zucker

Für die Buttermilchschicht
300 ml Buttermilch
200 g Zucker
1 Päckchen Vanillezucker
50 g Weizenmehl (Type 405)
1 Prise Salz
6 Eier (Größe M)

Für die Mangoschicht
2 Blatt Gelatine
1 Mango
3 EL Blutorangensaft (alternativ ein anderer roter Saft)

Für die Buttermilchsahne
200 g Sahne
20 g Puderzucker
50 ml Buttermilch

Außerdem
Butter für die Form
Granatapfelkerne für die Deko

Alle Teigzutaten miteinander verkneten und den Mürbeteig in Frischhaltefolie eingewickelt etwa 30 Minuten in den Kühlschrank legen. Die Tarte-Form einfetten. Dann den Teig gleichmäßig in der Form verteilen und festdrücken oder auf einer bemehlten Fläche ausrollen und in die Form hineinlegen. Einen Rand hochziehen.

Den Backofen auf 160 °C Umluft (180 °C Ober-/Unterhitze) vorheizen.

Alle Zutaten für die Buttermilchschicht miteinander verquirlen und auf den Boden gießen. Die Tarte etwa 45 Minuten auf der mittleren Schiene backen, dann aus dem Ofen nehmen und abkühlen lassen.

Für die Mangoschicht die Gelatine in kaltem Wasser einweichen. Die Mango entsteinen, schälen und das Mangofleisch mit dem Blutorangensaft pürieren. Die Gelatine in einem Topf leicht erwärmen, bis sie sich verflüssigt. Dann sofort vom Herd nehmen und einen Esslöffel Mangopüree unterrühren. Anschließend einen weiteren Esslöffel zugeben. Dann das ganze Püree unterrühren. Das Mangopüree nun gleichmäßig auf der Tarte verteilen und im Kühlschrank mindestens 4 Stunden fest werden lassen.

Für die Buttermilchsahne die Sahne mit dem Puderzucker steif schlagen und zum Schluss langsam die Buttermilch einfließen lassen. Die Sahne vor dem Servieren auf der Tarte verteilen und mit Granatapfelkernen bestreuen.

MARKUS' TIPP

*Probiert den Mangoguss doch
auch mal auf Amerikanern
aus ... schmeckt genauso
lecker und ist mal
etwas anderes!*

Jeder kennt die Klassiker Hefezopf und -schnecken oder Hefe-Rosinen-Brötchen. Doch Hefeteig kann auch anders. Exotisch gefüllt macht er eine äußerst gute Figur. Hier habe ich ihm die volle Ladung Mango verpasst.

MANGO-HEFEKNOTEN MIT GUSS

Für 24 Stück

Für den Teig
220 ml lauwarme Milch
½ Würfel Hefe
70 g Zucker
80 g weiche Butter
500 g Weizenmehl (Type 405)
Salz

Für die Füllung
1 reife Mango
1 Eiweiß
1 Eigelb

Für den Guss
100 g Puderzucker
2–3 EL Mangosaft
Kokoschips

Außerdem
Mehl zum Ausrollen

Die Milch in einem kleinen Topf vorsichtig erwärmen (nicht zu heiß, sonst arbeitet die Hefe nicht mehr; etwa 35 °C sind optimal). Die Hefe in die Milch bröckeln und gut einrühren. Zucker und Butter ebenfalls dazugeben und verrühren.

Das Mehl und eine Prise Salz in einer Schüssel mischen und die Hefemischung dazugeben.

Mit den Knethaken der Küchenmaschine zu einem geschmeidigen Teig verkneten. Wenn sich der Teig vom Schüsselrand löst, ist er fertig. Falls er zu klebrig ist, einfach Mehl hinzufügen. Den Teig in eine Schüssel geben und abgedeckt etwa 1 Stunde an einem warmen Ort gehen lassen.

Währenddessen die Mango schälen, vom Kern lösen und in sehr kleine Würfel schneiden.

Den Backofen auf 180 °C Umluft (200 °C Ober-/Unterhitze) vorheizen und ein Backblech mit Backpapier belegen. Den Teig auf einer leicht bemehlten Arbeitsfläche zu einem Rechteck ausrollen und mit dem Eiweiß bepinseln. Zwei Drittel der Mangowürfel darauf verteilen. Nun etwa ein Drittel des Teiges von der kurzen Seite her zur Mitte klappen, dann die andere kurze Seite daraufklappen, sodass ein dreilagiger Teig entsteht.

Die Teigplatte von der kurzen Seite her in etwa zehn dünne Streifen schneiden. Jeden Streifen mehrmals in sich verdrehen und einen Knoten machen. Die Enden unter dem Knoten andrücken. Die Knoten mit ausreichend Abstand zueinander auf das Blech geben und abgedeckt 20 Minuten gehen lassen.

Die Knoten mit dem Eigelb bestreichen und mit der restlichen Mango bestreuen. Dann etwa 15 Minuten im Backofen auf der mittleren Schiene backen oder bis die Knoten schön goldgelb geworden sind. Dann aus dem Ofen nehmen und auf einem Kuchengitter vollständig abkühlen lassen.

Für den Guss den Puderzucker mit Mangosaft glatt rühren und über den Knoten verteilen. Mit Kokoschips bestreuen.

N

... wie Nektarine

FAKTEN

Nektarinen stammen aus China, wo sie schon vor Jahrtausenden angebaut wurden. Sie zählen zur Familie des Steinobsts und sind entgegen der landläufigen Meinung keine Kreuzung aus Pflaumen und Pfirsichen, sondern schlichtweg eine Mutation des Pfirsichs. Statt der weichen, flaumigen Schale bilden sie ein glatte Schale und ein weicheres Fruchtfleisch aus. An einem Pfirsichbaum können also auch Nektarinen wachsen.

GUT ZU WISSEN

Zu harte Nektarinen sollte man nicht kaufen, da sie zu Hause nicht nachreifen. Reife Nektarinen dagegen sind nur wenige Tage haltbar und sollten am besten separat im Kühlschrank gelagert werden, da sie sonst schnell verderben. Die Kerne der Nektarinen enthalten Blausäure und sind daher ungenießbar. Nektarinen sind bestens geeignet für Obstkuchen und Konfitüren. Die Schale kann bedenkenlos mitgegessen werden.

Nektarinen-Tarte mit Amaretto

Für 1 rechteckige Tarte-Form (35 x 11 cm)

Für den Mandelboden
100 g Weizenmehl (Type 405)
100 g Zucker
100 g Butter
100 g Mandeln

Für den Guss
200 ml Sahne
1 Ei (Größe M)
50 g Zucker
30 ml Amaretto
20 g Speisestärke

Außerdem
Butter für die Form
2–3 Nektarinen
1 Handvoll Mandelblättchen für die Deko

Die Zutaten für den Mandelboden zu einem Teig verkneten, diesen gleichmäßig in der Tarte-Form verteilen und festdrücken. Einen Rand hochziehen.

Den Backofen auf 160 °C Umluft (180 °C Ober-/Unterhitze) vorheizen. Die Tarte-Form einfetten.

Alle Zutaten für den Guss miteinander verquirlen.

Die Nektarinen waschen, entkernen und in dünne Spalten schneiden. Die Spalten hintereinander in die Tarte-Form auf den Boden legen und den Guss darübergießen.

Die Tarte etwa 40–45 Minuten im Ofen auf der mittleren Schiene backen.

Die Mandelblättchen in einer Pfanne kurz anrösten und über die Tarte streuen.

Maras Tipp
Für dieses Rezept am besten reife und süße Nektarinen verwenden.

MARKUS' TIPP

*Vanille statt Schoko?
Kein Problem: Ersetzt das
Kakaopulver durch Speise-
stärke und gebt das Mark
einer Vanilleschote
zum Teig.*

Manchmal bekommt man unerwartet Besuch und hat keinen Kuchen zu Hause. Dann ist ein Rezept für etwas „Schnelles" immer gern gesehen. Dieser Kuchen schmeckt total lecker und ist in nur 30 Minuten fertig.

NEKTARINENKUCHEN IM GLAS

Für 3 Gläser à 290 ml

Für den Kuchen
1 Nektarine
1 TL Zitronensaft
1 TL Zucker
2 Eier (Größe M)
80 g Zucker
1 Päckchen Vanillezucker
80 g Weizenmehl (Type 405)
25 g Speisestärke
Salz
2 TL Backpulver
2 EL Kakaopulver

Für den Guss
1 Nektarine
2 EL Puderzucker

Außerdem
Butter für die Gläser
ein paar Nektarinenscheiben für die Deko

Den Backofen auf 160 °C Umluft (180 °C Ober-/Unterhitze) vorheizen. Drei kleine Gläser einfetten.

Die Nektarine waschen, entsteinen und in Würfel schneiden. Mit Zitronensaft und einen Teelöffel Zucker vermischen und gleichmäßig auf die drei Gläser verteilen.

Die Eier 5 Minuten schaumig schlagen, dann Zucker und Vanillezucker einrieseln lassen und nochmals 2 Minuten auf höchster Stufe weiterschlagen.

Mehl, Speisestärke, eine Prise Salz, Backpulver und Kakaopulver in eine Schüssel sieben.

Die Küchenmaschine auf niedrigste Stufe stellen und das Mehlgemisch auf zweimal vorsichtig unterrühren. Den fertigen Biskuitteig auf die drei Gläser verteilen und im Backofen auf der mittleren Schiene 25 Minuten backen.

Herausnehmen (Vorsicht, heiß!) und auf einem Kuchengitter abkühlen lassen.

Für den Guss die Nektarine waschen, halbieren, entsteinen und mit dem Puderzucker pürieren. Dann über die Küchlein gießen und servieren. Wer möchte, kann die Küchlein noch mit ein paar Nektarinenscheiben dekorieren.

... wie Orangen

FAKTEN

Der immergrüne Orangenbaum wird etwa acht Meter hoch und bis zu 100 Jahre alt. Die Früchte des Baums, die Orangen, sind rund oder oval und haben eine orange bis rote Schale. Die Orange wird in allen wärmeren Regionen der Erde angepflanzt. Auf dem mitteleuropäischen Markt findet man vor allem die Navelorange, sie wird aus Spanien, Algerien, Marokko, Griechenland, der Türkei oder aus Israel importiert.

GUT ZU WISSEN

Die Orange wird auch Apfelsine genannt. Sie lässt sich in Europa nicht vor dem 15. Jahrhundert nachweisen. Anders die ähnliche Bitterorange, die schon im Mittelalter auf dem Landweg bis nach Europa kam. In der Küche verleiht die Orange besonders beim Backen den Süßwaren ein gewisses Extra: Ihre Schale gibt einen aromatischen Geschmack und der Saft und das Fruchtfleisch machen Gebäck so richtig fruchtig-frisch.

Dieser Orangenkuchen ist einfach unglaublich saftig! Die fruchtige Süße der Orangen wird vom intensiv schmeckenden Schokoguss zusätzlich unterstrichen. Eine bessere Kombination gibt es kaum, oder?

Orangenkuchen mit Schokoguss

Für 1 Ring- oder Gugelhupfform (ø 26–28 cm)

Für den Teig
250 g weiche Butter

280 g Zucker

Salz

300 g gemahlene Mandeln

250 g Weizenmehl (Type 405)

1 Päckchen Backpulver

5 Eier (Größe M)

2 Bio-Orangen

2 EL Abrieb einer unbehandelten Orange

Für den Guss
200 g Zartbitterkuvertüre

Außerdem
Butter für die Form

1 Handvoll gehackte Mandeln für die Deko

ein paar frische Orangenstücke für die Deko

Den Backofen auf 160 °C Umluft (180 °C Ober-/Unterhitze) vorheizen. Die Ring- oder Gugelhupfform einfetten.

Für den Teig die weiche Butter mit dem Zucker schaumig rühren. Eine Prise Salz, gemahlene Mandeln, Mehl, Backpulver und Eier dazugeben. Alles zu einem glatten Teig verrühren.

Die Schale von den Orangen abreiben und zum Teig geben. Die Orangen nun schälen und das Fruchtfleisch pürieren. Das Orangenpüree ebenfalls zum Teig dazugeben und alles gut und gleichmäßig verrühren.

Den Rührteig in die Ring- oder Gugelhupfform geben und den Orangenkuchen je nach Backform etwa 50–60 Minuten auf der mittleren Schiene backen. Den Stäbchentest machen, um sicherzugehen, dass der Kuchen durchgebacken ist.

Sobald der Kuchen komplett abgekühlt ist, stürzt man ihn vorsichtig aus der Form.

Für den Guss die Zartbitterkuvertüre klein hacken und im Wasserbad oder in der Mikrowelle bei sehr geringer Wattzahl langsam schmelzen. Auf den Kuchen gießen und mit gehackten Mandeln bestreuen. Wer möchte, kann den Orangenkuchen nun noch mit frischen Orangenstücken dekorieren.

Shortbread ist ein schottisches Gebäck, das besonders gern zum Tee serviert wird. Es besteht traditionell nur aus Butter, Zucker, Mehl und Salz. Mein Rezept kommt etwas abgewandelt mit einer fruchtige Note daher.

ORANGEN-SHORTBREAD

Für 1 rechteckige Backform (33 x 22 cm); ergibt ca. 30 Stück

Für das Shortbread
220 g weiche Butter
80 g Puderzucker
50 g Zucker
1 ½ TL Abrieb einer unbehandelten Orange
Mark von ½ Vanilleschote
240 g Weizenmehl (Type 405)
45 g Stärke
½ TL Salz
60 g getrocknete Cranberrys

Den Backofen auf 160 °C Umluft (180 °C Ober-/Unterhitze) vorheizen. Die Backform mit Backpapier auslegen.

Mit der Küchenmaschine Butter, Puderzucker, Zucker, Orangenabrieb und Vanillemark auf niedrigster Stufe verrühren, bis alles vermischt ist. Dann auf mittlere Stufe hochschalten und luftig aufschlagen.

Das Mehl mit Stärke und Salz mischen und vorsichtig von Hand unter den Teig heben. Danach die Cranberrys grob hacken und ebenfalls von Hand unterheben.

Den Teig in die Form geben und gut andrücken. Mit einem Holzspieß mehrmals einstechen, damit beim Backen die Luft entweichen kann. Dann im Backofen auf der mittleren Schiene etwa 30 Minuten backen, bis das Shortbread schön goldgelb ist. Die Form aus dem Ofen holen und auf einem Kuchengitter vollständig abkühlen lassen.

Das Shortbread mithilfe des Backpapiers aus der Form heben und mit einem Messer in etwa 30 Stücke teilen. In einer Keksdose hält sich das Shortbread etwa 1 Monat.

... wie Passionsfrucht

FAKTEN

Die Passionsfrucht ist die Frucht einer tropischen Kletterpflanze, die bis zu zehn Metter hoch werden kann. Man erkennt sie an der dunkelvioletten Schale, die bei reifen Früchten oft etwas „verschrumpelt" aussieht. Das Innere der Frucht ist dafür umso aufregender, da es aus einer Vielzahl kleiner Kerne besteht, die mit einem geleeartigen Fruchtfleisch ummantelt sind. Der Geschmack ist süß bis leicht säuerlich.

GUT ZU WISSEN

Oft wird die Passionsfrucht auch als Maracuja bezeichnet, was prinzipiell richtig ist, da die Maracuja eine Passionsfruchtart ist. Streng genommen, sind es aber zwei unterschiedliche Früchte. Die Maracuja hat eine hellgelbe bis grünliche Schale und schmeckt um einiges süßer als die Passionsfrucht. Zum Backen eignet sich das Fruchtfleisch der Passionsfrucht besonders als Topping auf Sahne oder Cremes.

Passionsfrüchte sind sehr fruchtig und erfrischend und schmecken einfach total nach Sommer. In dieser luftig-lockeren Käsesahnetorte machen sie sich besonders fein! An heißen Nachmittagen unbedingt probieren!

Passionsfrucht-Käsesahne-Torte

Für 1 Springform
(ø 24–26 cm)

Für den Boden
200 g Löffelbiskuits
130 g Butter, geschmolzen

Für die Füllung
500 g Magerquark
250 g Mascarpone
130 g Zucker
1 Päckchen Vanillezucker
10 Blatt Gelatine
250 ml Passionsfruchtsaft
400 g Sahne

Für den Passionsfruchtsirup
70 g Zucker
150 ml Passionsfruchtsaft

Außerdem
200 g Sahne für das Topping
essbare Blüten, nach Belieben

Für den Boden die Löffelbiskuits fein zermahlen. Die Brösel mit der Butter vermengen und die Masse in die Springform geben. Gleichmäßig verteilen und festdrücken. Am besten funktioniert das mit den Händen, die man zuvor mit etwas Wasser befeuchtet hat, damit nichts an den Fingern kleben bleibt.

Magerquark und Mascarpone für die Füllung verrühren. Zucker und Vanillezucker hinzugeben und gut unterrühren. Die Gelatine in kaltem Wasser einweichen.

Vom Passionsfruchtsaft vier Esslöffel abnehmen und in einen Topf geben. Den restlichen Passionsfruchtsaft in die Quark-Mascarpone-Mischung einrühren.

Den Passionsfruchtsaft im Topf mit der leicht ausgedrückten Gelatine etwas erwärmen, bis sich die Gelatine verflüssigt hat. Die Gelatine darf dabei keinesfalls kochen, sonst wird die Masse später nicht fest! Sobald die Gelatine flüssig ist, den Topf vom Herd nehmen und zwei Esslöffel der Quark-Mascarpone-Mischung zur Gelatine rühren. Anschließend die gesamte Quark-Mascarpone-Mischung mit der Gelatine verrühren. Die Masse nun etwa 20 Minuten in den Kühlschrank stellen.

Im Anschluss die Sahne steif schlagen und unter die nun bereits zu gelieren beginnende Quark-Mascarpone-Mischung heben. Die Creme auf den Boden füllen, verteilen, glatt streichen und über Nacht in den Kühlschrank stellen.

Für den Passionsfruchtsirup den Zucker mit dem Passionsfruchtsaft aufkochen und einige Minuten einköcheln lassen. Je länger der Sirup kocht, desto dicker wird er. Nicht allzu dick werden lassen, da der Sirup nach dem Abkühlen automatisch fester und damit dickflüssiger wird.

Am nächsten Tag die Torte aus der Form lösen. Die Schlagsahne für das Topping steif schlagen und auf der Käsesahne verteilen. Mit dem Passionsfruchtsirup begießen und gekühlt genießen. Wer mag, kann noch einige essbare Blüten auf der Passionsfrucht-Käsesahne-Torte platzieren.

Himmlisch locker, luftig und knusprig: Das ist eine Pavlova. Die Leckerei ist einfach zuzubereiten und gleichzeitig umwerfend köstlich. Der säuerliche Passionsfrucht-Curd harmoniert perfekt mit dem süßen Gebäck.

PAVLOVA MIT PASSIONSFRUCHT

Für 1 Pavlova
(ø 20 cm)

Für die Eischneemasse
110 g Eiweiß
Salz
220 g Puderzucker
2 TL Speisestärke
2 TL Essig

Für den Passionsfrucht-Curd
und die Füllung
6 Passionsfrüchte
110 g Zucker
60 g Butter
3 Eier (Größe L)
200 ml Sahne
1 Päckchen Vanillezucker

Außerdem
1 Tortenplatte (ø 20 cm)
1 Passionsfrucht für die Deko

Für die Pavlova den Ofen auf 160 °C Umluft (180 °C Ober-/Unterhitze) vorheizen. Einen Kreis mit 20 cm Durchmesser auf ein Backpapier zeichnen, dieses umdrehen und auf ein Backblech legen.

Das Eiweiß mit der Prise Salz leicht steif schlagen, dann den Puderzucker unter langsamem Rühren einrieseln lassen. Etwa 10 Minuten auf höchster Stufe weiterschlagen, bis ein Löffel im Eischnee stecken bleibt. Dann die Speisestärke darübersieben und zusammen mit dem Essig vorsichtig unterrühren.

Die Masse mit einem Esslöffel bis zum Rand des Kreises auf das Backpapier geben. In der Mitte eine Kuhle bilden und die Ränder etwas hochziehen. Die Temperatur des Ofens auf 120 °C herunterschalten und die Pavlova auf der untersten Schiene 1 Stunde backen. Den Ofen ausschalten, einen Kochlöffel in die Ofentür stecken und die Pavlova so vollständig abkühlen lassen.

Während die Pavlova backt, den Curd zubereiten: Die sechs Passionsfrüchte halbieren, das Fruchtfleisch komplett herausnehmen und durch ein Sieb streichen. Den Saft auffangen und 125 ml abmessen.

Den Passionsfruchtsaft mit Zucker und Butter in einem Topf auf mittlerer Hitze erhitzen, bis sich der Zucker aufgelöst hat. Dann vom Herd nehmen und etwa 3 Minuten abkühlen lassen.

Die Eier leicht aufschlagen und unter Rühren in den heißen Saft rühren. Den Topf auf den Herd zurückstellen und die Masse unter Rühren bei mittlerer Hitze einkochen, bis diese eine puddingartige Konsistenz hat. Danach in ein steriles Glas füllen und abkühlen lassen. Dann in den Kühlschrank stellen.

Die erkaltete Pavlova auf eine Tortenplatte geben. Die Sahne steif schlagen, dabei den Vanillezucker einrieseln lassen. Etwa acht Esslöffel Passionsfrucht-Curd vorsichtig in der Kuhle der Pavlova verstreichen, die Sahne daraufgeben und mit dem Fruchtfleisch der letzten Passionsfrucht garnieren. Der übrige Curd hält sich in einem Schraubglas etwa 2 Wochen.

... wie Quinoa

FAKTEN

Quinoa gilt als sogenanntes Pseudogetreide – das heißt, es hat vieles mit echtem Getreide gemeinsam, zählt botanisch streng genommen jedoch zu den Gänsefußgewächsen und daher eben nicht zu den klassischen Getreidesorten. In Südamerika ist Quinoa eines der wichtigsten Grundnahrungsmittel, denn es wächst und gedeiht selbst bei eher ungünstigen Verhältnissen sehr gut: in hoch gelegenen Gebieten, auf wenig fruchtbarem Boden sowie bei Hitze und Trockenheit.

GUT ZU WISSEN

Die Pflanze stammt aus den Anden, hat aber auch bei uns wilde Verwandtschaft. Ähnliches Getreide wurde früher bereits in Europa angebaut. Es geriet allerdings in Vergessenheit und ist nun erst seit ein paar Jahren wieder in aller Munde! Aufgrund der vielen guten Nährstoffe und des hohen Calciumgehalts ist Quinoa vor allem für Veganer interessant sowie für Menschen, die laktoseintolerant sind und daher auf Milch verzichten müssen. Zudem ist Quinoa glutenfrei.

Maras Tipp

Wer keine Streusel mag, lässt diese einfach weg!

Quinoa kennt man hauptsächlich aus salzigen Gerichten, aber auch in süßen Kuchen macht sich dieses Power-Getreide ganz hervorragend! Das Gute: Quinoa ist nicht nur sehr lecker, sondern auch unglaublich gesund.

Quinoa-Bananen-Brot

Für 1 Kastenform (ca. 30 cm lang)

Für das Bananenbrot
80 g ungekochte Quinoa
170 g weiche Butter
150 g Zucker
1 Päckchen Backpulver
Salz
¼ TL Zimt
2 Eier (Größe M)
350 g Weizenmehl, Type 405
150 ml Milch
2 reife Bananen
100 g Magerquark

Für die Streusel
200 g Weizenmehl (Type 405)
100 g Zucker
½ TL Zimt
150 g kalte Butter

Außerdem
Butter für die Form
1 ganze Banane
Zimt zum Bestreuen

Zunächst die Quinoa mit Wasser abspülen, in 250 ml Wasser aufkochen und etwa 15–20 Minuten weich köcheln lassen. Anschließend in einem Sieb gut abtropfen.

Den Backofen auf 160 °C Umluft (180 °C Ober-/Unterhitze) vorheizen. Die Kastenform einfetten.

Die weiche Butter mit dem Zucker cremig rühren. Backpulver, eine Prise Salz und Zimt vermischen und dazugeben. Dann die Eier nacheinander unterrühren. Anschließend das Mehl und die Milch dazugeben.

Die reifen Bananen mit einer Gabel gut zerdrücken und zusammen mit dem Magerquark ebenfalls unter den Teig mischen. Zum Schluss noch die gekochte Quinoa dazugeben. Alles gut verrühren und in die Kastenform füllen.

Die ganze Banane halbieren und die beiden Hälften auf die Teigoberfläche legen.

Für die Streusel das Mehl mit dem Zucker und dem Zimt mischen. Die Butter in Flöckchen dazugeben und alles zu einem bröseligen Teig verkneten. Die Streusel auf dem Teig und auf den Bananenhälften verteilen und das Quinoa-Bananen-Brot etwa 60–65 Minuten auf der mittleren Schiene backen. Den Stäbchentest machen, um sicherzugehen, dass der Teig durchgebacken ist.

Abkühlen lassen, mit Zimt bestreuen und genießen.

Schokoriegel gibt es in unzähligen Varianten. Am besten schmecken sie jedoch selbst gemacht. Dann kann man alles mit hineinpacken, was man mag. Wie wäre es mit Mandeln, gepuffter Quinoa, Meersalz und Ahornsirup?

QUINOA-MANDEL-RIEGEL

Für 1 rechteckige Backform (33 x 22 cm); ergibt 24 Riegel

Für die Riegel
200 g ungekochte Quinoa
150 g Mandeln
120 ml Ahornsirup
2 EL Kokosöl
Mark von 1 Vanilleschote
2 TL Instant-Espressopulver
Meersalz
30 g Chiasamen
100 g Sesam
300 g Zartbitterschokolade
20 g gepuffte Quinoa

Die Quinoa waschen und zum Trocknen auf ein Küchentuch geben. Die Mandeln grob hacken. Den Backofen auf 160 °C Umluft (180 °C Ober-/Unterhitze) vorheizen und die Backform mit Backpapier belegen.

In einem kleinen Topf den Ahornsirup und das Kokosöl erwärmen, bis sich das Kokosöl aufgelöst hat. Vanillemark, Instant-Espressopulver und eine Prise Meersalz dazugeben, gut verrühren.

Quinoa, Mandeln, Chiasamen und Sesam vermischen und zum Ahornsirup geben. Gut umrühren, bis alles mit dem Ahornsirup bedeckt ist. Die Masse auf das Backblech geben, glatt streichen und 20–25 Minuten auf der mittleren Schiene im Backofen backen, bis alles schön karamellisiert ist und eine dunkelgoldene Färbung hat. Dann aus dem Ofen nehmen und abkühlen lassen.

Die Schokolade hacken und über einem heißen (nicht kochenden) Wasserbad schmelzen. Anschließend über der abgekühlten Ahornsirup-Quinoa-Masse verteilen, glatt streichen und mit der gepufften Quinoa bestreuen. Die Backform für 25 Minuten in den Kühlschrank stellen.

Danach die Form herausnehmen und den großen Riegel mithilfe des Backpapiers aus der Form heben. Dann in 24 kleine Riegel schneiden und luftdicht verpackt im Kühlschrank lagern.

MARKUS' TIPP
Für die orientalische Variante: Zwei Teelöffel Rosenwasser und Pistazien dazugeben.

R

... wie Rhabarber

FAKTEN

Rhabarber stammt ursprünglich aus China und wird erst seit etwa 160 Jahren in der deutschen Küche verwendet. Rhabarber ist entgegen der landläufigen Meinung jedoch kein Obst, sondern ein Gemüse. Aufgrund des süßsäuerlichen Geschmacks wird dieses sogenannte Knöterichgewächs aber meist genauso wie Obst verwendet.

GUT ZU WISSEN

Kaum zu glauben, Rhabarber enthält nur 13 Kalorien pro 100 Gramm! Je rötlicher die Färbung der Stiele ist, umso milder schmeckt der Rhabarber. Wer den säuerlichen Geschmack nicht mag, sollte nach „Himbeerrhabarber" Ausschau halten. Rhabarber wird für Kompott und Marmeladen, aber auch für Sommerkuchen verwendet.

Rhabarber und Baiser gehören einfach zusammen. Der sauer-fruchtige Geschmack passt wunderbar zum süßen Schaumgebäck. Wenn sich dann auch noch Himbeeren und Käsekuchen dazugesellen, wird die Kombi perfekt!

Rhabarber-Käsekuchen-Tarte

Für 1 rechteckige Tarte-Form
(ca. 35 x 13 cm)

Für den Teig
210 g Weizenmehl (Type 405)

140 g Butter

70 g Zucker, 1 Prise Salz

Für die Käsefüllung
240 g Magerquark

1 Ei (Größe M)

50 g Zucker

100 g Frischkäse

1 TL Speisestärke (ca. 10 g)

1 Päckchen Vanillezucker

Für die Glasur
300 g geschälter Rhabarber

50 g Zucker

1 Päckchen Vanillezucker

100 g Himbeeren

50 ml Orangensaft

2 Blatt Gelatine

Für das Baiser
200 g Zucker

2 Eiweiß

Salz

Außerdem
evtl. Mehl zum Ausrollen

Spritztülle

evtl. kleiner Gasbrenner

Alle Zutaten für den Teig vermengen und einen glatten Mürbeteig daraus kneten. Den Teig entweder auf einer bemehlten Fläche ausrollen und in die Tarte-Form legen oder den Teig einfach direkt in die Form geben und mit den Fingern verteilen und festdrücken. Den Rand dabei hochziehen.

Den Backofen auf 180 °C Umluft (200 °C Ober-/Unterhitze) vorheizen.

Für die Käsefüllung alle Zutaten gut miteinander verrühren und die Masse auf dem Teigboden verteilen. Die Oberfläche glatt streichen und den Kuchen etwa 25 Minuten auf der mittleren Schiene backen.

Für die Rhabarber-Himbeer-Glasur den geschälten Rhabarber in Stücke schneiden. Zusammen mit dem Zucker, dem Vanillezucker, den Himbeeren und dem Orangensaft in einem Topf aufkochen und weichköcheln lassen. Anschließend gut durchpürieren und durch ein Sieb passieren.

Sobald der Kuchen gebacken und etwas ausgekühlt ist, die Gelatine für die Glasur in kaltem Wasser einweichen. Leicht ausdrücken und mit drei Esslöffeln vom Püree in einem Topf erwärmen, bis sie sich verflüssigt hat. Die Gelatine darf dabei nicht kochen! Ist sie flüssig, den Topf vom Herd nehmen und drei weitere Esslöffel vom Püree unterrühren. Die Gelatine mit dem gesamten Püree verrühren und auf der Käse-Tarte verteilen. Im Kühlschrank einige Stunden fest werden lassen.

Für das Baiser 50 ml Wasser mit 150 g Zucker in einem Topf aufkochen, bis sich der Zucker verflüssigt hat. Das Eiweiß mit dem restlichen Zucker und einer Prise Salz steif schlagen. Den Zuckersirup nach und nach beim Rühren einfließen lassen. Die Eischneemasse sollte schön fest sein und glänzen.

Den Eischnee in eine Spritztülle geben und kleine Tupfen auf die Tarte spritzen. Das Baiser mit einem kleinen Gasbrenner abflämmen oder kurz bei etwa 200 °C in den Backofen (Grillfunktion oder Oberhitze) stellen, bis die Tupfen leicht gebräunt sind.

★ ★ ★

Maras Tipp

Das Anbräunen der Baisertupfen geht ratzfatz! Damit nichts verbrennt, unbedingt daneben stehen bleiben und das Ganze beobachten.

★ ★ ★

★ ★ ★

MARKUS' TIPP

*Die Galette kann man
übrigens auch super auf
einem Pizzastein im
Grill zubereiten.*

★ ★ ★

Rhabarber ist eine meiner liebsten Backzutaten. Der Geschmack ist einzigartig und passt nahezu zu jedem anderen Obst. Hier trifft er auf einen feinen Frangipane mit Orangenschale, ummantelt von einem knusprigen Teig.

RHABARBER-FRANGIPANE-GALETTE

Für 1 Backblech;
ergibt 1 Galette (ø 25–30 cm)

Für den Galette-Teig
140 g Weizenmehl (Type 405)
60 g gemahlene Mandeln
Salz
1 Messerspitze Backpulver
110 g sehr kalte Butter, gewürfelt
5 EL Eiswasser

Für den Frangipane
50 g Zucker
2 TL Abrieb von
1 unbehandelten Orange
60 g gemahlene Mandeln
30 g Weizenmehl (Type 405)
Salz
50 g weiche Butter
1 Ei (Größe L)
Mark von ½ Vanilleschote

Für die Rhabarberfüllung
450 g Rhabarber
50 g Zucker

Außerdem
Mehl zum Ausrollen
1 Ei (Größe L)

Für den Galette-Teig Mehl, gemahlene Mandeln, eine Prise Salz und Backpulver in einer großen Schüssel mischen. Die kalten Butterwürfel dazugeben und mit den Händen oder zwei Messern vermengen, bis ein krümeliger Teig entsteht. Das Eiswasser dazugeben und alles verkneten. Auf einer bemehlten Arbeitsfläche gut durchkneten, einen Scheibe formen, in Frischhaltefolie wickeln und für mindestens 1 Stunde in den Kühlschrank legen.

Für den Frangipane Zucker und die Orangenschale in einen Mixer geben und mehrmals kurz pulsieren lassen, bis die Orangenschale den Zucker aromatisiert hat. Mandeln, Mehl und eine Prise Salz dazugeben und nochmals vermixen. Butter, Ei und Vanillemark dazugeben und wieder mehrmals den Mixer pulsieren lassen. Die Masse dann in eine Schüssel geben, abdecken und in den Kühlschrank stellen.

Den Rhabarber waschen, schälen, in etwa 2 cm dicke Stücke schneiden und in eine Schüssel geben. Mit dem Zucker bestreuen. Den Ofen auf 170 °C Umluft (190 °C Ober-/Unterhitze) vorheizen und ein Backblech mit Backpapier belegen.

Auf einer bemehlten Arbeitsfläche den Galette-Teig zu einem 30 cm großen Kreis ausrollen. Die Seiten dürfen dabei ruhig etwas auseinanderreißen. Dann den Teigkreis vorsichtig auf das Backblech legen.

Die Frangipane-Masse aus dem Kühlschrank holen und auf dem Galette-Kreis verstreichen. Dabei einen ca. 2 cm breiten Rand frei lassen. Den Rhabarber mit einem Löffel auf dem Frangipane verteilen. Möglichst die Flüssigkeit in der Schüssel belassen.

Die Ränder des Teiges hochklappen und darauf achten, dass der Teig keine Risse hat, damit die Füllung nicht auslaufen kann.

Das Ei mit einem Esslöffel Wasser verquirlen und die Galette bestreichen. Im Ofen etwa 50–60 Minuten auf der mittleren Schiene backen, bis die Galette schön goldgelb ist. Herausnehmen und auf dem Blech vollständig abkühlen lassen.

... wie Süßkartoffel

FAKTEN

Die Süßkartoffel stammt ursprünglich aus Mittelamerika, wird aber mittlerweile in den meisten tropischen und subtropischen Gebieten angebaut. In Amerika zählt sie schon lange als traditionelle Beilage zu Truthahn und auch in Deutschland wird sie immer beliebter. Sie unterscheidet sich von der herkömmlichen Speisekartoffel besonders durch ihren süßen Geschmack, der vom hohen Zuckergehalt stammt.

GUT ZU WISSEN

Süßkartoffeln sollten vor dem Verzehr immer gekocht oder gebacken werden, da manche Sorten eine nachweisbare Menge an Blausäure enthalten. Zum Backen eignet sich am besten Süßkartoffelpüree: Dazu ritzt man die Schale mit einem Messer ein, backt die Kartoffel auf 180 °C etwa 45 Minuten und kann dann das weiche „Fruchtfleisch" mit einem Löffel entnehmen und nach Belieben weiterverarbeiten.

Die Süßkartoffel schmeckt nicht nur als klassischer Pie, sondern auch in einem Nusskranz. Im Hefeteig verarbeitet, macht sie ihn weich und saftig. Auch als köstliche Füllung kann sich die Süßkartoffel wirklich sehen lassen.

Süßkartoffelkranz mit Nüssen

Für 1 Backblech

Für das Süßkartoffelpüree
1 große oder 2 kleinere Süßkartoffeln (insgesamt ca. 350 g)

Für den Hefeteig
80 g Zucker
50 ml lauwarme Milch
1 Würfel Hefe
520 g Weizenmehl (Type 405)
½ TL Salz
70 g geschmolzene Butter
2 Eier (Größe M)
100 g Süßkartoffelpüree

Für die Füllung
230 g Süßkartoffelpüree
100 g gemahlene Haselnusskerne
90 g Butter, geschmolzen
100 g Zucker
¼ TL Zimt

Außerdem
Mehl zum Ausrollen
3 EL Sahne zum Bestreichen
Puderzucker zum Bestreuen

Zunächst das Süßkartoffelpüree herstellen. Dafür die Süßkartoffel schälen und im Backofen bei 180 °C Umluft (200 °C Ober-/ Unterhitze) etwa 40–50 Minuten (je nach Kartoffelgröße) auf der mittleren Schiene weich garen. Dann die Süßkartoffel pürieren und bis zur Verwendung in einem geschlossenen Behälter aufbewahren. Gekühlt hält sich das Püree einige Tage.

Für den Hefeteig den Zucker zur lauwarmen Milch und zu 50 ml lauwarmem Wasser geben. Die Hefe hineinbröckeln und etwa 10 Minuten gehen lassen.

Alle weiteren Teigzutaten mit der Hefemilch vermengen und zu einem glatten Teig kneten. Den Hefeteig einige Minuten durcharbeiten und im Anschluss etwa 1 Stunde abgedeckt an einem warmen Ort oder über Nacht im Kühlschrank gehen lassen.

Wenn der Teig aufgegangen ist, diesen nochmals kurz kneten und auf einer gut bemehlten Fläche zu einem etwa 55 x 40 cm großen Rechteck ausrollen.

Den Backofen auf 160 °C Umluft (180 °C Ober-/Unterhitze) vorheizen.

Alle Zutaten für die Füllung miteinander verrühren und gleichmäßig auf der Teigplatte verstreichen. Den Teig nun der Länge nach aufrollen. Die Rolle der Länge nach in der Mitte mit einem Messer durchschneiden, damit zwei lange Stränge entstehen. Diese beiden Stränge nun ineinander verdrehen und auf einem mit ausgelegten Backblech zu einem Kreis legen. Durch die recht große Menge an Füllung ist das eine etwas klebrige Angelegenheit, aber der Aufwand lohnt sich.

Die Oberfläche vom Süßkartoffelkranz nun mit der Sahne bestreichen und nochmals etwa 10 Minuten gehen lassen.

Den Süßkartoffelkranz 40–45 Minuten auf der mittleren Schiene backen und vor dem Servieren mit Puderzucker bestäuben.

Maras Tipp
Das Süßkartoffelpüree
kann man auch wunder-
bar einfrieren

MARKUS' TIPP

*Der Pie schmeckt
warm und kalt.*

Ich erinnere mich gern an meine Reise nach Amerika zurück, die ich 1995 gemacht habe. Damals durfte ich bei einer Gastfamilie meinen ersten Süßkartoffel-Pie genießen. Dieses Rezept ist sozusagen eine Hommage daran.

SÜSSKARTOFFEL-PIE MIT NÜSSEN

Für 1 Pie-Form (ø 24 cm); ergibt ca. 12 Portionen

Für den Boden
190 g Weizenmehl (Type 405)
2 EL Zucker, ½ TL Salz
115 g eiskalte Butter, gewürfelt
4 EL Eiswasser

Für die Füllung
800 g Süßkartoffeln
2 Eier (Größe M)
50 g Butter, geschmolzen
50 g brauner Zucker
40 g Zucker
1 TL gemahlener Zimt
½ TL gemahlener Muskat
⅛ TL gemahlener Ingwer
1 ½ TL Vanille-Extrakt
210 ml gesüßte Kondensmilch
1 EL Whiskey, nach Belieben

Für das Pekannuss-Topping
3 EL Butter
60 g brauner Zucker
1 EL Sahne
110 g Pekannüsse, grob gehackt

Außerdem
Mehl zum Ausrollen

Für den Boden Mehl, Zucker und Salz vermischen. Butterwürfel dazugeben und mit den Fingerspitzen krümelig verkneten. Eiswasser hinzufügen und schnell zu einem glatten Teig verkneten. Den Teig zu einer Scheibe von 15 cm Durchmesser formen, in Frischhaltefolie einwickeln und 1 Stunde in den Kühlschrank legen.

Die Süßkartoffeln mehrmals mit einer Gabel einstechen, auf ein Backblech legen und im vorgeheizten Ofen bei 160 °C Umluft (180 °C Ober-/Unterhitze) auf der mittleren Schiene etwa 1 Stunde backen, bis sie weich sind. Herausnehmen und den Ofen angeschaltet lassen.

Den Teig aus dem Kühlschrank nehmen und 10 Minuten ruhen lassen, anschließend auf einer leicht bemehlten Arbeitsplatte zu einem Kreis mit 30 cm Durchmesser ausrollen. Den Teig dann in die Pie-Form legen, an den Seiten andrücken und den abstehenden Teig am Rand abschneiden. Den Boden mehrmals mit einer Gabel einstechen, die Form in den Kühlschrank stellen.

Die Schale von den weichen Süßkartoffeln entfernen und das Fruchtfleisch mit einem Kartoffelstampfer zu Brei zerdrücken. 600 g Brei abwiegen, der Rest wird nicht benötigt. Die Eier in einer Schüssel schaumig schlagen, geschmolzene Butter, braunen und weißen Zucker, Zimt, Muskat, Ingwer, Vanille-Extrakt und Kondensmilch dazugeben und verrühren.

Mit einem Schneebesen den Süßkartoffelbrei unterrühren, bis alles verbunden ist. Whiskey dazurühren und die Masse in die Pie-Form mit dem ungebackenen Boden gießen. Glatt streichen und auf der mittleren Schiene auf einem Backblech 1 Stunde backen. Herausnehmen und 30 Minuten abkühlen lassen.

5 Minuten vor Ende der Abkühlzeit das Topping zubereiten. Die Butter bei mittlerer Hitze zerlassen, Zucker dazugeben und unter Rühren langsam schmelzen, bis die Masse brodelt und cremig wird. Die Sahne dazugeben und weiterrühren. Die Pekannüsse in die Zuckermasse geben, vermengen, auf den warmen Pie gießen und mit der Rückseite eines Löffels verstreichen.

... wie Tee

FAKTEN

Tee ist ein Genussmittel, ein heißes Aufguss-getränk, welches aus unterschiedlichen Pflanzen-teilen zubereitet wird. Für die Zubereitung von Tee werden Blätter, Knospen, Stängel und Blüten verwendet. Gerne wird Tee mit Gewürzen oder Früchten aromatisiert. Teepflanzen waren zu-nächst in China bekannt, bevor man begann, sie auch in anderen Ländern zu kultivieren.

GUT ZU WISSEN

Die in Europa bekanntesten Teesorten sind die nach ihren Anbaugebieten benannten Sorten des schwarzen Tees Assam, Darjeeling und Ceylon. Tee wird aber noch in vielen anderen Gegen-den produziert und dementsprechend gibt es unzählige verschiedene Teesorten, unter ande-rem grünen Tee, weißen Tee, schwarzen Tee, Oolongtee, gelben Tee, Pu-Erh-Tee.

Matcha. Entweder man liebt ihn oder man hasst ihn. Wer ihn mag, wird diesen Kuchen lieben! Das gemahlene Pulver ist nicht allzu süß, schmeckt intensiv nach grünem Tee und macht sich ganz wunderbar im Kuchen.

Matcha Cheesecake

**Für 1 Springform
(ø 24–26 cm)**

Für den Boden
200 g Butterkekse
30 g Zucker
30 g Kakaopulver
150 g Butter, geschmolzen

Für die Matcha-Käseschicht
8 Blatt Gelatine
600 g Frischkäse
300 g Naturjoghurt
100 g Zucker
1 Päckchen Vanillezucker
1 Messerspitze gemahlene Vanille
2 EL Matchapulver

Außerdem
Matchapulver zur Deko

Für den Boden die Butterkekse fein zerbröseln oder in einem Blender kurz mixen. Mit dem Zucker und dem Kakaopulver vermischen. Die geschmolzene Butter dazugeben und die Masse in der Springform gleichmäßig verteilen und festdrücken.

Für die Matcha-Käseschicht die Gelatine in kaltem Wasser einweichen. Alle weiteren Zutaten miteinander verrühren. Die Gelatine ausdrücken und in einem Topf leicht erwärmen, bis sie schmilzt. Keinesfalls kochen lassen, sonst wird sie später nicht fest! Vom Herd nehmen und zwei Esslöffel der Frischkäsecreme einrühren. Anschließend zwei weitere Löffel unterrühren. Danach die gesamte Creme dazugeben, gut verrühren und auf dem Keksboden verteilen. Die Oberfläche glatt streichen und den Cheesecake mindestens 4 Stunden, besser noch über Nacht, im Kühlschrank fest werden lassen.

Vor dem Servieren mit Matchapulver bestreuen.

★ ★ ★
Maras Tipp
Wer es etwas süßer mag, der nimmt für die Käseschicht 150 g Zucker anstatt nur 100 g.
★ ★ ★

MARKUS' TIPP

Make it Chai: Benutzt statt Earl-Grey-Tee einfach Chai-Tee – schmeckt auch sehr lecker!

Die Tea Time ist eine berühmte Tradition bei den Briten. Mindestens einmal am Tag genießen sie eine Tasse Tee mit leckerem Gebäck. Die Earl Grey Donuts sind beides in einem: aromatischer Tee und schmackhaftes Gebäck.

EARL GREY DONUTS MIT GLASUR

Für 12 Donuts

Für den Teig
240 ml Mandelmilch
4 Teebeutel Earl-Grey-Tee
60 ml Sonnenblumenöl
100 g brauner Zucker
1 TL flüssiges Vanille-Extrakt
270 g Weizenmehl (Type 405)
1 ½ TL Backpulver
½ TL Salz

Für die Johannisbeerglasur
200 g Puderzucker
3–4 EL Schwarze-Johannisbeersaft

Außerdem
12er-Donutblech
Butter für die Form
Spritz- oder Gefrierbeutel
getrocknete Rosenblüten für die Deko, nach Belieben
kandierte Veilchen für die Deko, nach Belieben

Den Ofen auf 140 °C Umluft (160 °C Ober-/Unterhitze) vorheizen. Das Donutblech einfetten.

Die Hälfte der Mandelmilch in einem kleinen Topf aufkochen, vom Herd nehmen und die Teebeutel darin 10 Minuten ziehen lassen. Dann die Beutel gut ausdrücken und entnehmen.

Die Earl-Grey-Milch, die andere Hälfte der Mandelmilch, Sonenblumenöl, Zucker und Vanille-Extrakt in einer großen Schüssel vermischen und 10 Minuten stehen lassen.

In einer kleinen Schüssel Mehl, Backpulver und Salz vermischen, eine kleine Mulde bilden und die flüssigen Zutaten hineingeben. Vorsichtig verrühren, bis alle Klümpchen gelöst sind.

Den Teig in einen Spritz- oder Gefrierbeutel füllen und die Spitze abschneiden. Damit den Teig gleichmäßig auf die Formen verteilen. Die Formen sollten zu zwei Dritteln gefüllt sein. Im Backofen auf der mittleren Schiene etwa 15 Minuten backen, bis die Donuts schön golden sind. Dann herausnehmen, 5 Minuten im Blech abkühlen lassen und vorsichtig auf ein Kuchengitter legen. Vollständig erkalten lassen.

Für die Glasur den Puderzucker mit dem Johannisbeersaft vermischen, bis alle Klümpchen gelöst sind. Die Konsistenz sollte nicht zu flüssig sein. Bei Bedarf etwas Puderzucker hinzufügen.

Die Donuts kopfüber in die Glasur tauchen, die überschüssige Glasur abschütteln und auf dem Kuchengitter trocknen lassen. Je nach Wunsch noch mit Rosenblüten oder kandierten Veilchen verzieren.

... wie Urweizen (Kamut)

FAKTEN

Bei Urweizen handelt es sich um eine klassische, sehr alte Getreideart. Neben Einkorn und Emmer zählt auch Kamut, eigentlich Khorasan-Weizen, zu dieser kultivierten Art und gewinnt stetig an Beliebtheit. Bereits vor 6000 Jahren wurde Khorasan-Weizen angebaut. Er ist unempfindlicher gegenüber Schädlingen als der heute landwirtschaftlich genutzte Weizen und spricht kaum auf Kunstdüngemittel an, weshalb er sich gut für die biologische Landwirtschaft eignet.

GUT ZU WISSEN

Kamutmehl enthält von Natur aus Gluten und ist deshalb für Menschen mit Zöliakie ungeeignet. Für Menschen, die empfindlich auf Weizen reagieren, bildet dieses Urkorn jedoch eine gute und gesunde Alternative. Erhältlich ist das Mehl hauptsächlich in Reformhäusern, aber ist immer häufiger auch im Sortiment von Bio-Supermärkten zu finden. Es kann 1:1 wie klassisches Weizenmehl verwendet werden und eignet sich daher für Backwaren jeglicher Art.

Was für ein Genuss! Die fruchtige Füllung aus Kirschen und Birnen gibt diesem Nachtisch einen unglaublich leckeren Geschmack. Auch optisch macht der Pie mit seiner hübschen Teigdeko ordentlich was her!

Urweizen-Pie mit Kirschen

1 Pie- oder Springform
(ø 28–30 cm)

Für den Pieteig
500 g Kamutmehl
420 g Butter
210 g Zucker
Salz

Für die Füllung
350 g reife Birnen
350 g Kirschen aus dem Glas
70 g Zucker
2 EL Speisestärke

Außerdem
Mehl zum Ausrollen
Ausstechformen nach Belieben
etwas Sahne zum Bestreichen
Puderzucker zum Bestreuen

Für den Pie-Teig den gemahlenen Kamut mit der Butter, dem Zucker und einer Prise Salz verkneten. Gut durcharbeiten, damit ein gleichmäßiger Teig entsteht. Den Pie-Teig in Frischhaltefolie wickeln und etwa 1 Stunde im Kühlschrank ruhen lassen.

Den Backofen auf 180 °C Umluft (200 °C Ober-/Unterhitze) vorheizen.

Für die Füllung die Birnen waschen, entkernen und in kleine Würfel schneiden. Die Kirschen in einem Sieb abtropfen lassen, den Kirschsaft auffangen und 100 ml davon beiseitestellen.

Den Zucker in eine Pfanne geben. Die Birnen dazugeben und kurz karamellisieren lassen. Dann die abgetropften Kirschen dazugeben. Die Speisestärke im Kirschsaft anrühren, in die Pfanne gießen und umrühren. Kurz aufkochen und so lange köcheln lassen, bis die Birnen weich sind. Dann die Pfanne beiseitestellen.

Den Teig erneut kurz durchkneten und halbieren. Die Hälfte auf einer bemehlten Fläche ausrollen und anschließend in eine Pie- oder Springform legen. Einen Rand hochziehen.

Die Füllung auf dem Teig verteilen. Die zweite Hälfte des Teiges ebenfalls auf einer bemehlten Fläche ausrollen und beliebige Formen (wie Herzen, Blumen, Sterne) ausstechen. Die ausgestochenen Plätzchen mit etwas Sahne bestreichen, auf die Füllung legen und den Pie damit verzieren.

Den Urweizen-Pie nun etwa 35–40 Minuten auf der mittleren Schiene backen.

Vor dem Servieren mit Puderzucker bestäuben.

Ich erinnere mich gerne an früher zurück, wenn meine Oma frisch gebackene Buchteln mit Pflaumenmus aufgetischt hat. Für meine Interpretation verwende ich allerdings statt des normalen Weizenmehls Kamutmehl.

BUCHTELN MIT PFLAUMENMUS

Für 1 runde Auflaufform
(ø 20 cm); ergibt 7 kleine
Buchteln

Für die Buchteln
100 ml Milch
½ Würfel Hefe
260 g Kamutmehl
Salz
50 g Zucker
Mark von ½ Vanilleschote
45 g weiche Butter
1 Ei (Größe L)
7 TL Pflaumenmus

Außerdem
Butter für die Form
Mehl zum Bearbeiten

Die Milch in einem kleinen Topf auf etwa 30–35 °C erwärmen (nicht wärmer, sonst geht die Hefe nicht auf), die Hefe hineinbröckeln und gut verrühren.

Mehl, eine Prise Salz, Zucker und Vanillemark in einer Schüssel mischen, eine Mulde formen, das Hefegemisch hineingeben. Mit einem Tuch abdecken und 10–15 Minuten ruhen lassen.

Die Butter und das Ei dazugeben und alles mit den Knethaken der Küchenmaschine zu einem geschmeidigen Teig verkneten. Sobald sich der Teig vom Schüsselrand löst, ist er fertig. Sollte er zu sehr kleben, einfach noch etwas Mehl dazugeben.

Den Teig zu einer Kugel formen und in der Schüssel abgedeckt mindestens 40 Minuten an einem warmen Ort gehen lassen, (Kamutmehl entfaltet erst nach 40 Minuten seine Klebkraft), bis sich das Volumen des Teiges verdoppelt hat.

Den Backofen auf 140 °C Umluft (160 °C Ober-/Unterhitze) vorheizen und eine kleine Auflaufform einfetten.

Den Teig auf einer bemehlten Arbeitsfläche durchkneten, in sieben Teile teilen und zu kleinen Kugeln formen.

Die Teigkugeln flach drücken, je 1 Teelöffel Pflaumenmus daraufgeben, den Teig über dem Mus schließen. Mit der Nahtstelle nach unten nebeneinander in die Auflaufform setzen.

Im Backofen etwa 25–30 Minuten auf der mittleren Schiene backen, bis die Oberfläche goldgelb wird. Danach aus dem Ofen holen, mit Puderzucker bestäuben und servieren.

MARKUS' TIPP
Zu den Buchteln passt ganz wunderbar Vanillesoße.

... wie Vanille

FAKTEN

Die Vanille ist ein Gewürz, das aus den fermentierten Kapselfrüchten verschiedener Arten der Orchideengattung Vanilla gewonnen wird. Sie umfasst etwa 110 Arten, von denen 15 aromatische Kapseln, die Vanilleschoten, liefern. Die wichtigste davon ist die Gewürzvanille. Sie stammt aus Mexiko und Mittelamerika und wird heute vermehrt auf Madagaskar, Réunion und anderen Inseln des Indischen Ozeans angebaut.

GUT ZU WISSEN

Vanille in Stangenform wird auch als Königin der Gewürze bezeichnet. Gewürzvanille wird im Handel unter den Bezeichnungen Bourbon-Vanille und mexikanische Vanille angeboten. Das Anbaugebiet Réunion wurde früher Île Bourbon genannt, daher stammt auch der Name Bourbon-Vanille. Puddinge, Soßen und Kuchen lassen sich wunderbar mit Vanille verfeinern und geben den süßen Naschereien ein ganz besonderes Aroma.

Ein Apfelkuchen geht ja bekanntlich immer. Ebenso ein Käsekuchen. Warum also nicht einfach mal beides miteinander kombinieren?! Das Besondere an diesem Prachtstück ist die gemahlene Vanille im Kuchen.

Vanille-Apfel-Käsekuchen

Für 1 Springform
(ø 26–28 cm)

Für den Quark-Öl-Teig
330 g Weizenmehl (Type 405)
150 g Magerquark
6 EL Rapsöl
6 EL Milch
1 Päckchen Vanillezucker
1 Messerspitze gemahlene Vanille
1 Prise Salz
80 g Zucker
1 Päckchen Backpulver

Für die Füllung
1 kg Magerquark
¼ TL gemahlene Vanille
1 Päckchen Vanillepuddingpulver
200 g Zucker
4 Eier (Größe M)
1 Päckchen Vanillezucker
250 g Frischkäse
100 ml Rapsöl
400 g geschälte Äpfel

Außerdem
Mehl zum Ausrollen
Puderzucker zum Bestreuen

Die Zutaten für den Quark-Öl-Teig miteinander verkneten und den Teig in Frischhaltefolie eingewickelt über Nacht in den Kühlschrank legen.

Den Backofen auf 160 °C Umluft (180 °C Ober-/Unterhitze) vorheizen.

Den Teig kurz durchkneten und auf einer bemehlten Fläche ausrollen. In die Springform legen und einen Rand hochziehen.

Alle Zutaten für die Füllung außer den Äpfeln miteinander verrühren. Die Äpfel entkernen, in kleine Würfel schneiden und unterheben. Die Füllung auf den Boden geben und gleichmäßig verteilen. Den Vanille-Apfel-Käsekuchen etwa 1 Stunde auf mittlerer Schiene backen. Komplett auskühlen lassen, anschließend aus der Form nehmen.

Vor dem Servieren mit Puderzucker bestreuen.

★ ★ ★
MARKUS' TIPP

*Vanillearoma selbst gemacht:
Klein geschnittene Schoten
und Wodka in ein kleines
Fläschchen, einen Monat
warten – fertig!*

★ ★ ★

Scones sind nicht nur ein Highlight beim Frühstück, sondern auch beim mittäglichen Kaffeeklatsch. Meine süßen Vanille-Scones sind ein echter Leckerbissen, Vanille im Teig und in der Glasur – vanilliger geht's nicht.

VANILLE-SCONES MIT VANILLEGUSS

**Für 1 Backblech;
ergibt 8 Scones**

Für den Teig
300 g Weizenmehl (Type 405)
½ TL Salz
1 EL Backpulver
75 g Zucker
170 g eiskalte Butter, gewürfelt
1 Ei (Größe M)
120 ml Milch
Mark von 1 Vanilleschote

Für den Guss
30 g Butter
180 g Puderzucker
Mark von 2 Vanilleschoten

Außerdem
Mehl zum Ausrollen

Den Backofen auf 180 °C Umluft (200 °C Ober-/Unterhitze) vorheizen und ein Backblech mit Backpapier belegen.

Mehl, Salz, Backpulver und Zucker in einer Schüssel mischen, dann die eiskalten Butterwürfel dazugeben und mit den Händen oder zwei Messern zu einem krümeligen Teig verarbeiten. Darauf achten, dass der Teig nicht zu lang verarbeitet wird, damit die Butter nicht weich wird.

In einer kleinen Schüssel das Ei mit der Milch und dem Mark von einer Vanilleschote vermischen und mit dem Mehlgemisch verrühren, bis ein bröseliger Teig entsteht.

Den Teig auf eine leicht bemehlte Arbeitsplatte geben und kurz kneten. Dann zu einer 2,5 cm dicken Scheibe formen und wie einen Kuchen in acht Stücke teilen. Die Scones auf das Backblech geben und 10–15 Minuten auf der mittleren Schiene backen, bis die Ränder goldgelb sind.

Die Scones aus dem Ofen holen und etwas abkühlen lassen.

Währenddessen den Guss vorbereiten: Dazu die Butter schmelzen und beiseitestellen. Puderzucker und vier Esslöffel Wasser vermischen, dann das Mark von zwei Vanilleschoten dazugeben und zum Schluss die geschmolzene Butter unterrühren. Den Guss über die lauwarmen Scones geben und sofort servieren.

... wie Weintrauben

FAKTEN

Fossilienfunde beweisen, dass Trauben bereits in der Altsteinzeit existiert haben. Kultiviert wurden sie vor über 7000 Jahren von den Ägyptern, die erstmals auch Wein daraus herstellten. Weltweit sind mehr als 16000 Traubensorten bekannt. Die Trauben, die im Handel zum Verzehr verkauft werden, gehören zwar zu den Weintrauben, werden aber nicht zur Weinherstellung verwendet. Sie enthalten wenig bis gar keine Kerne und einen deutlich höheren Saftanteil.

GUT ZU WISSEN

Trauben aus dem Supermarkt sollten vor dem Verzehr immer sehr gründlich gewaschen werden, da sie mit zu den am meisten von Pestiziden belasteten Obstsorten gehören. Weintrauben werden traditionell hauptsächlich in der getrockneten Variante (Rosinen) zum Backen verwendet, passen aber auch frisch in viele Backwaren. Sie harmonieren besonders gut mit Hefegebäcken und verleihen eingelegt in Rum vielen klassischen Rezepten eine ganz besondere Note.

Trauben und Nüsse waren schon immer eine gute Kombination: knackig und fruchtig zugleich! Was gibt es Besseres? Vereint in diesem unglaublich saftigen Kuchen verleihen sie ihm eine traumhafte Geschmacksnote.

Weintrauben-Nuss-Kuchen

Für 1 Kastenform
(ca. 30 cm lang)

Für den Kuchen
4 Eier (Größe M)
220 g weiche Butter
210 g Zucker
160 g Weizenmehl (Type 405)
1 Päckchen Backpulver
320 g gemahlene Haselnusskerne
160 g Schmand
80 ml Milch
Salz
300 g Weintrauben

Für den Guss
100 g Frischkäse
100 g Sahne
100 g Puderzucker

Außerdem
Butter für die Form
frische Weintrauben für die Deko
Zucker zum Wälzen
Haselnusskerne für die Deko

Den Backofen auf 170 °C Umluft (190 °C Ober-/Unterhitze) vorheizen. Die Kastenform einfetten.

Die Eier trennen. Das Eigelb mit der weichen Butter und dem Zucker cremig rühren. Mehl, Backpulver und Haselnüsse mischen und dazugeben. Ebenso den Schmand und die Milch. Alles zu einem gleichmäßigen Teig verrühren. Das Eiweiß mit einer Prise Salz steif schlagen und unterheben.

Die Weintrauben unter den Teig heben und alles in die Kastenform füllen. Die Form sollte lediglich zu etwa drei Vierteln mit Teig befüllt werden, damit beim Backen nichts überläuft.

Den Weintrauben-Nuss-Kuchen etwa 70–80 Minuten auf der mittleren Schiene backen. Den Stäbchentest machen, um sicherzugehen, dass er durchgebacken ist. Nach etwa der Hälfte der Backzeit den Kuchen mit Alufolie abdecken, damit er nicht zu dunkel wird.

Für den Guss den Frischkäse mit der Sahne und dem Puderzucker verquirlen und auf dem Kuchen verteilen.

Die frischen Weintrauben für die Deko mit Wasser abspülen, in Zucker wälzen und zusammen mit ein paar ganzen Haselnüssen auf den Kuchen legen.

Ein leckerer Keksboden, eine intensive Schokoladen-creme und knackig-fruchtige Weintrauben? Mit dieser geschmackvollen Kombination trifft man, ganz egal zu welchem Anlass, immer voll ins Schwarze.

WEINTRAUBEN-TARTE

Für 1 Tarte-Form
(34 cm lang)

Für den Keksboden
330 g Oreo-Kekse
110 g Butter

Für die Füllung
200 g Vollmilchschokolade
100 g Zartbitterschokolade
200 ml Sahne
1 große Rebe Weintrauben
(ca. 60 Stück)

Für den Boden die Kekse in einem Mixer möglichst fein mahlen. Die Butter in einem kleinen Topf schmelzen.

Die Butter zu den zerkleinerten Keksen geben und vermischen; es sollte alles gleichmäßig mit Butter durchzogen sein. Die Masse in die Tarte-Form geben und den Boden und Rand gut andrücken. (Dabei hilft eine Frischhaltefolie oder die Rückseite eines kleinen Löffels.) Die Form in den Kühlschrank stellen.

Für die Füllung die Schokolade fein hacken und in eine hitzebeständige Schüssel füllen.

Die Sahne in einem kleinen Topf aufkochen und über die gehackte Schokolade gießen. 5 Minuten stehen lassen, dann umrühren, bis alle Schokostückchen geschmolzen sind und eine cremige Schokoladenmasse entstanden ist.

Den Keksboden aus dem Kühlschrank holen, die Schokoladencreme daraufgeben und glatt streichen. 2 Minuten in den Kühlschrank stellen. Währenddessen etwa 60 Trauben von der Rebe lösen, waschen und trocken tupfen. Die Tarte wieder aus dem Kühlschrank holen und die Trauben vorsichtig in die Masse drücken. Dann wieder in den Kühlschrank stellen und mindestens 2 Stunden, oder besser über Nacht, dort stehen lassen.

MARKUS' TIPP

Stellt euch vor, ihr möchtet einen Kuchen backen, habt aber noch keinen Ofen, da ihr gerade erst umgezogen seid. Kein Problem – dafür gibt es No Bake Cakes. Sie werden ganz einfach im Kühlschrank „gebacken".

UNSERE
Lieblings-
ZUTATEN

... wie x-beliebig (Zimt & Kiwi)

FAKTEN

Zimt ist ein Gewürz aus der getrockneten Rinde von Zimtbäumen. Zimt kann man als gemahlenes Pulver, als ganze Zimtstange oder als Zimtblüten kaufen. Verwendet wird er zur Aromatisierung von Heißgetränken, in der indischen und vorderorientalischen Küche, für Fleischgerichte und bei uns in der Weihnachtsbäckerei.

Die Kiwipflanze klettert wie Reben an einem Spalier oder Gitter bis zu acht Meter in die Höhe. Die Früchte können 100 Gramm schwer werden. Sie schmecken süßsäuerlich, das Fruchtfleisch lässt sich auslöffeln. Sie werden weltweit angebaut.

GUT ZU WISSEN

Zimt wurde bereits in der Antike als vielfältiges Heilmittel eingesetzt, da er als magenstärkend, entzündungshemmend sowie blutstillend galt. Auch heute noch werden ihm viele weitere gesundheitsfördernde Eigenschaften nachgesagt, weshalb er nicht nur wegen seines aromatischen Geschmacks in der Küche so beliebt ist.

Reife Kiwis erkennt man daran, dass sie mit dem Finger leicht eingedrückt werden können. Harte Früchte kann man zu Hause bei Zimmertemperatur nachreifen lassen. Kiwis stecken voller Vitamine und haben dabei sehr wenig Kalorien.

Sahnige Panna cotta auf buttrigem Mürbeteig schmeckt richtig lecker! Kombiniert mit der frischen und etwas sauren Note der Kiwifrucht, wird daraus ein absoluter Traum: sowohl geschmacklich als auch optisch!

Kiwi-Panna-cotta-Tarte

Für 1 Springform (ø 24–26 cm)

Für den Mürbeteig
300 g Mehl (Type 405)
200 g weiche Butter
100 g Zucker
1 Prise Salz

Für die Panna cotta
4 Blatt Gelatine
500 g Sahne
1 Päckchen Vanillezucker
80 g Zucker

Für die Kiwischicht
3 Blatt Gelatine
6 Kiwis

Außerdem
evtl. Mehl zum Ausrollen
2 frische Kiwis für die Deko

Alle Teigzutaten miteinander verkneten und den Mürbeteig in Frischhaltefolie eingewickelt etwa 30 Minuten in den Kühlschrank legen.

Den Backofen auf 170 °C Umluft (190 °C Ober-/Unterhitze) vorheizen.

Anschließend den Teig kurz kneten und gleichmäßig in die Springform drücken. Alternativ auf einer bemehlten Fläche ausrollen und in die Form legen. Einen Rand hochziehen. Den Boden mit einer Gabel mehrfach einstechen und anschließend etwa 15–20 Minuten auf mittlerer Schiene blindbacken, danach auskühlen lassen.

Für die Panna cotta die Gelatine in kaltem Wasser einweichen. Die Sahne mit dem Vanillezucker und dem Zucker unter Rühren aufkochen und kurz köcheln lassen. Dann vom Herd nehmen und kurz abkühlen lassen. Die Gelatine ausdrücken und in die Sahne einrühren, bis sie sich aufgelöst hat. Die Panna cotta vorsichtig auf den Boden gießen und die Tarte mindestens 4 Stunden, am besten aber über Nacht, im Kühlschrank fest werden lassen.

Für die Kiwischicht die Gelatine in kaltem Wasser einweichen. Die Kiwis schälen, pürieren und in einem Topf aufkochen. 1–2 Minuten köcheln lassen, vom Herd nehmen. Kurz stehen lassen. Die Gelatine dazugeben und unter Rühren auflösen. Die Kiwisoße auf der Panna cotta verteilen und die Tarte nochmals mindestens 4 Stunden im Kühlschrank fest werden lassen.

Vor dem Servieren mit frischen Kiwischeiben dekorieren.

Hinweis

Die frische Kiwi enthält ein Enzym, welches verhindert, dass das Püree geliert. Deshalb muss es zuvor kurz aufgekocht werden. Dadurch wird das Enzym zerstört und das Kiwipüree mit der Gelatine wird fest.

French Toast, oder „Armer Ritter", wie er bei uns auch genannt wird, ist auf der ganzen Welt bekannt. Klassisch wird er in der Pfanne zubereitet, doch noch besser schmeckt er aus dem Ofen, mit leckerer Zimtkruste.

FRENCH TOAST MIT ZIMTKRUSTE

Für 1 Auflaufform
(25 cm lang, mind. 5 cm hoch)

Für den French Toast
8 Scheiben Weißbrot vom Vortag
4 Eier (Größe L)
220 ml Milch
60 ml Sahne
80 g Zucker
Mark von ½ Vanilleschote
½ TL Zimt

Für die Zimtkruste
60 g Weizenmehl (Type 405)
100 g brauner Zucker
1 TL Zimt
¼ TL gemahlene Muskatnuss
¼ TL Salz
125 g kalte Butter, gewürfelt

Außerdem
Butter für die Form
Gefrierbeutel oder Plastikdose

Die Auflaufform einfetten, das Brot vom Vortag in kleine Würfel schneiden und in der Form verteilen.

Eier, Milch, Sahne, Zucker, Vanillemark und Zimt in einer Schüssel gut verrühren und über die Brotstückchen gießen. Die Form mit Frischhaltefolie bedecken und über Nacht in den Kühlschrank stellen.

Für die Zimtkruste Mehl, braunen Zucker, Zimt, Muskatnuss und Salz in eine Schüssel geben und vermischen. Dann die kalte, gewürfelte Butter dazugeben und mit den Händen oder zwei Messern vorsichtig zu einem Streuselteig verarbeiten. Die Streusel in einen Gefrierbeutel oder eine Plastikdose geben und ebenfalls über Nacht in den Kühlschrank stellen.

Am nächsten Morgen den Ofen auf 170 °C Umluft (190 °C Ober-/Unterhitze) vorheizen. Die Auflaufform aus dem Kühlschrank holen und stehen lassen, bis der Ofen vorgeheizt ist.

Die Streusel auf dem French Toast verteilen und alles im Ofen auf der mittleren Schiene 45–60 Minuten backen, je nachdem, ob der Toast eher weich oder knusprig sein soll. Herausnehmen und servieren.

MARKUS' TIPP

Am besten schmeckt's, wenn der French Toast bereits am Abend vorher vorbereitet wird. Dazu passt Vanillesoße oder einfach nur Puderzucker.

... wie Yuzu

FAKTEN

Die Yuzu ist eine japanische Zitrusfrucht, die vom Geschmack an eine Kreuzung aus Mandarine und Limette erinnert. Sie sieht im Grunde aus wie eine verschrumpelte Zitrone, enthält viele Kerne und nur wenig Saft. Der Saft ist aber äußerst aromatisch und wird auch hierzulande besonders in der Sterneküche immer beliebter.

GUT ZU WISSEN

Die Yuzu ist in Deutschland fast ausschließlich über das Internet erhältlich, erfreut sich aber immer größerer Beliebtheit. Der Preis für eine Yuzu ist auch relativ hoch, da der Yuzu-Baum erst nach 13 Jahren Früchte trägt. Meist reichen schon wenige Spritzer aus, um Kuchen oder anderem Gebäck das Zitrusaroma zu verleihen.

Dieser Yuzu-Wasabi-Kuchen hat eine sehr kompakte und saftige Konsistenz, fast, als wäre er nicht richtig durchgebacken. Wer keine Yuzu erhält, der kann den Kuchen stattdessen auch mit Zitronensaft backen.

Yuzu-Wasabi-Kuchen

Für 1 Gugelhupfform (ø 28 cm)

Für den Rührteig

350 g Butter

350 g Zucker

6 Eier (Größe M)

350 g Weizenmehl (Type 405)

Salz

1 Päckchen Backpulver (ca. 15 g)

100 g Crème fraîche

2–3 EL Yuzu-Saft (oder Zitronensaft)

30 g Wasabi-Nüsse

Für den Guss

200 g Puderzucker

2 EL Yuzu-Saft (oder Zitronensaft)

Außerdem

Butter für die Form

gehackte Wasabi-Nüsse für die Deko

Den Backofen auf 170 °C Umluft (190 °C Ober-/Unterhitze) vorheizen. Die Backform einfetten.

Die Butter mit dem Zucker schaumig schlagen. Die Eier nacheinander unterziehen.

Mehl, eine Prise Salz und Backpulver mischen und dazugeben. Alles zu einem glatten Teig verrühren.

Dann die Crème fraîche dazugeben und zum Schluss noch den Yuzu-Saft unterrühren.

Die Wasabi-Nüsse grob hacken und unter den Teig heben.

Den Rührteig in die Backform füllen und den Kuchen etwa 55–60 Minuten auf der mittleren Schiene backen. Den Stäbchentest machen, um sicherzugehen, dass der Kuchen durchgebacken ist. Sofern der Kuchen beim Backen zu sehr bräunt, kann man ihn im Ofen einfach mit etwas Alufolie abdecken.

Für den Guss den Puderzucker mit dem Yuzu-Saft und einem bis zwei Esslöffel Wasser (Menge je nach gewünschter Konsistenz) glatt rühren, über den Kuchen verteilen und diesen mit gehackten Wasabi-Nüssen bestreuen.

Maras Tipp

Wer den Kuchen nicht so kompakt mag, kann die Eier auch trennen, zunächst nur das Eigelb unterrühren und erst zum Schluss das Eiweiß steif schlagen und unterheben. Dann wird er ein wenig luftiger.

MARKUS' TIPP

Sollte man aber nirgends Yuzus finden, kann man das folgende Rezept auch mit Zitronen oder Limetten zubereiten.

Für dieses Rezept habe ich zum ersten Mal mit Yuzus gebacken. Der Geschmack ist wie eine Mischung aus Mandarine und Zitrone und bleibt nach dem Backen intensiver erhalten als bei den üblichen Zitrusfrüchten.

YUZU-MOHN-MUFFINS

Für 16 Muffins

Für den Teig

150 g Zucker

Abrieb und Saft von
1 unbehandelten Yuzu

240 g Weizenmehl (Type 405)

2 TL Backpulver

¼ TL Natron

Salz

140 g griechischer
Joghurt (vollfett)

2 Eier (Größe L)

Mark von ½ Vanilleschote

125 g Butter, geschmolzen und
abgekühlt

2 EL gemahlener Mohn

Für den Guss

200 g Puderzucker

2–3 EL Saft von 1 Yuzu

Außerdem

12er-Muffinblech

4 Muffinförmchen

Den Backofen auf 180 °C Umluft (190 °C Ober-/Unterhitze) vorheizen, das Muffinblech mit zwölf Papierförmchen auslegen.

Den Zucker und die abgeriebene Schale von einer Yuzu in einen kleinen Mixer geben und mehrmals pulsieren lassen. Der Zucker soll das Aroma der Schale vollständig annehmen.

Den Zitronenzucker mit Mehl, Backpulver, Natron und einer Prise Salz in einer großen Schüssel vermischen.

Den griechischen Joghurt, Eier, Vanillemark und Butter in einer kleinen Schüssel verrühren und mit den trockenen Zutaten vermischen, bis ein glatter Teig entstanden ist. Anschließend den Mohn unterheben.

Den Teig gleichmäßig auf die Förmchen verteilen und darauf achten, dass diese zu etwa drei Vierteln gefüllt sind. Die Muffins im Backofen auf der mittleren Schiene etwa 18–20 Minuten backen. Dann die Form aus dem Ofen nehmen, etwa 5 Minuten abkühlen lassen, die Muffins vorsichtig auf ein Kuchengitter stellen und vollständig erkalten lassen.

Für den Guss Puderzucker und Yuzu-Saft vermischen und die Muffins damit verzieren.

... wie Zucchini

FAKTEN

Die Zucchini gehört zur Pflanzenfamilie der Kürbisgewächse und ist eine Unterart des Gartenkürbisses. Sie stammt aus Europa, die ersten und ursprünglichen Formen traten am Ende des 17. Jahrhunderts auf. Es gibt verschiedene Sorten von Zucchini, manche sind länglich, andere rund. Man kann sie bereits mit einer Länge von 10 bis 20 Zentimetern ernten. Lässt man sie wachsen, können sie die Größe von Kürbissen erreichen. Erntezeit ist von Juni bis Oktober.

GUT ZU WISSEN

Auch die gelbe Blüte der Zucchini kann gegessen werden und gilt sogar als Delikatesse. Zucchini enthalten viel Wasser, sind kalorienarm, vitaminreich und leicht verdaulich. Auch wenn es auf den ersten Blick ungewöhnlich erscheint, Zucchini schmecken nicht nur roh oder gekocht, sondern auch gebacken in süßen Rezepten ganz ausgezeichnet! Sie machen Kuchen, Brownies und Co. aufgrund seines hohen Wassergehalts nämlich ganz besonders saftig.

Brownies sind lecker und echte Klassiker! Aber mit einer Zucchini schmecken sie gleich noch mal so gut. Die Marmorierung aus Cheesecake-Creme verleiht den Brownies optisch und geschmacklich den letzten Feinschliff.

Marbled Zucchini Brownies

Für 1 quadratische Backform (ca. 24 x 24 cm)

Für den Brownie-Teig
200 g Butter
200 g Zucker
1 Päckchen Vanillezucker
2 Eier (Größe M)
1 Päckchen Backpulver
Salz
300 g Weizenmehl (Type 405)
50 g Kakaopulver
100 g Schmand
500 g geraspelte Zucchini
200 g Zartbitterschokolade

Für die Cheesecake-Creme
80 g Frischkäse
50 g Weizenmehl (Type 405)
40 g Zucker
1 Ei (Größe M)
70 g Schmand

Außerdem
Butter für die Form

Den Backofen auf 160 °C Umluft (180 °C Ober-/Unterhitze) vorheizen. Die Backform einfetten.

Für den Teig die Butter mit dem Zucker und dem Vanillezucker schaumig rühren. Die Eier nacheinander dazurühren.

Backpulver, eine Prise Salz, Mehl und Kakaopulver mischen und zur Butter-Zucker-Masse geben. Den Schmand unterrühren. Die geraspelten Zucchini unterheben. Zum Schluss die Zartbitterschokolade hacken und in einem Wasserbad oder in der Mikrowelle bei geringer Wattzahl schmelzen und unter Rühren in den Zucchiniteig fließen lassen.

Den Teig in die Backform füllen.

Für die Cheesecake-Creme alle Zutaten miteinander verrühren und die Masse auf den Brownie-Teig geben. Mit einer Gabel den dunklen Teig marmorieren und die Marbled Zucchini Brownies etwa 30–40 Minuten auf der mittleren Schiene backen. Anschließend komplett auskühlen lassen. Dann die Brownies aus der Form lösen und in gleich große Stücke schneiden.

★ ★ ★
Maras Tipp
Brownies nie länger als nötig backen, da sie ansonsten nicht saftig genug sind.
★ ★ ★

★ ★ ★

MARKUS' TIPP

*Resteverwertung! Fangt
den Zucchinisaft einfach
auf und macht eine
Suppe daraus!*

★ ★ ★

Wenn ihr diesen Kuchen aufschneidet, werden sich eure Gäste sicher über die grüne Farbe wundern. Verratet ihr die extravagante Zutat, werden sie schnell merken, dass Zucchini einfach perfekt in süße Kuchen passt.

ZUCCHINI-BLAUBEER-GUGELHUPF

Für 1 Gugelhupfform (ø 28 cm)

Für den Teig
700 g Zucchini
3 Eier, verquirlt (Größe L)
250 ml Sonnenblumenöl
Mark von 1 Vanilleschote
300 g Zucker
450 g Weizenmehl (Type 405)
1 TL Salz
1 TL Backpulver
¼ TL Natron
125 g Blaubeeren

Für die Zitronencreme
120 g weiche Butter
220 g Puderzucker
Salz
Abrieb und Saft von 1 unbehandelten Zitrone
Mark von ½ Vanilleschote

Außerdem
Butter für die Form
100 g Blaubeeren für die Deko

Den Backofen auf 160 °C Umluft (180 °C Ober-/Unterhitze) vorheizen. Die Gugelhupfform einfetten.

Die Zucchini fein raspeln, in die Mitte eines sauberen Geschirrtuchs geben, die Ecken zusammenführen, zudrehen und so den Saft aus den Zucchini drücken.

In einer großen Schüssel Eier, Öl, Vanillemark und Zucker verrühren. Die Zucchini unterheben.

Mehl, Salz, Backpulver und Natron mischen und langsam zur Zucchinimasse geben. Die Blaubeeren vorsichtig unterheben.

Den Teig in die Backform füllen und im Backofen auf der mittleren Schiene 45–50 Minuten backen. Den Stäbchentest machen, um sicherzugehen, dass der Kuchen durchgebacken ist. Den Kuchen in der Form etwa 10 Minuten auf einem Kuchengitter abkühlen lassen, dann aus der Form stürzen und vollständig erkalten lassen.

Für die Zitronencreme Butter, Puderzucker und eine Prise Salz schaumig rühren. Zitronensaft und Vanillemark dazugeben und 5 Minuten auf höchster Stufe luftig aufschlagen. Dann die Zitronenschale unterheben.

Den kalten Kuchen waagerecht halbieren, die Hälfte der Zitronencreme auf der unteren Hälfte verteilen, dann die andere Hälfte des Kuchens daraufsetzen. Mit der restlichen Creme und den Blaubeeren verzieren.

REGISTER

MARKUS

DANKE

... Mara, dafür, dass du dich zusammen mit mir dieser Challenge gestellt und das Buch zu dem gemacht hast, was es heute ist.

.... an alle Leser meines Blogs und die Käufer meines ersten Buches „Backen mit dem Backbuben".

.... an Natascha, Jean-Michel und den restlichen EMF-Verlag für die erneute Chance!

... an meine Eltern, meine Familie und alle Freunde für eure Unterstützung.

... Timm, dass du kurzfristig Mara und mich beim Arbeiten fotografiert hast.

... ganz herzlich auch dir, lieber Leser!

MARA

DANKE

... an Markus für die lustige Zeit, die wir zusammen verbracht haben (unser Shooting war wirklich der Knaller!). Du bist großartig!

... an alle Verantwortlichen, die mir dieses Buch ermöglicht haben.

... an Natascha und den gesamten EMF-Verlag, für die wunderbare Zusammenarbeit.

... an alle Leser meines Blogs (lifeisfullofgoodies.com), ohne welche es sicherlich niemals ein Buch von mir gegeben hätte.

... an alle, die sich das Buch zugelegt haben und die Rezepte probieren.

... an meine Familie, die immer alles brav probiert, was ich ihnen vorsetze (auch wenn hin und wieder Kurioses dabei ist).

... an meine Gene, die es mir ermöglichen, Unmengen an Kuchen zu futtern, ohne dass mir jemals davon schlecht geworden wäre.

... an alle Beteiligten, die mein Leben so wunderschön machen.

IMPRESSUM

Bibliografische Information der Deutschen Bibliothek. Die Deutsche Bibliothek verzeichnet diese Publikation in der deutschen National-bibliografie.

Detaillierte bibliografische Daten sind im Internet über http://www.d-nb.de/ abrufbar.

Alle in diesem Buch veröffentlichten Abbildungen sind urheberrecht-lich geschützt und dürfen nur mit ausdrücklicher schriftlicher Geneh-migung des Verlags gewerblich genutzt werden. Eine Vervielfältigung oder Verbreitung der Inhalte des Buchs ist untersagt und wird zivil- und strafrechtlich verfolgt. Das gilt insbesondere für Vervielfältigungen, Übersetzungen, Mikroverfilmungen und die Einspeicherung und Ver-arbeitung in elektronischen Systemen.

Die im Buch veröffentlichten Aussagen und Ratschläge wurden von den Verfassern und dem Verlag sorgfältig erarbeitet und geprüft. Eine Garantie für das Gelingen kann jedoch nicht übernommen werden, ebenso ist die Haftung der Verfasser bzw. des Verlags und seiner Beauf-tragten für Personen-, Sach- und Vermögensschäden ausgeschlossen.

EIN BUCH DER EDITION MICHAEL FISCHER

1. Auflage 2016
© 2016 Edition Michael Fischer GmbH, Igling

Covergestaltung: Verena Raith
Redaktion und Lektorat: Annika Christof, Natascha Mössbauer
Produktmanagement: Annika Christof, Natascha Mössbauer
Layout und Satz: Verena Raith
Porträtfotos der Autoren: Timm Engel

ISBN 978-3-86355-548-1

Printed in Slovakia

www.emf-verlag.de